JUAN GARCÍA HORTELANO

Mucho cuento

punto de lectura

Primera edición de esta colección: julio 2000

Impreso en España – Printed in Spain
ISBN: 84-663-0016-3
Depósito legal: B. 29.357-2000

Diseño de colección: Ignacio Ballesteros

Impreso por LITOGRAFÍA ROSÉS

JUAN GARCÍA HORTELANO

Mucho cuento

DE VERAS

De las veinte piezas que componen MUCHO CUENTO (o quizá no tanto cuento, o demasiado, nunca se sabe) dos son inéditas, diez fueron publicadas en el diario *El País* y las restantes, en *Revista Hiperión*, *Revista de Occidente*, *Estaciones*, *Hombre de Hoy*, en el catálogo *(Otros abanicos)* de una exposición, en una antología de Josefina Rodríguez Aldecoa *(Los niños de la guerra)* para Ediciones Anaya y dentro de una colección (*Textos Tímidos* —aunque no lo sean—) de Ediciones Almarabú, todo ello entre los años 1978 y 1986.
Se han ordenado, en parte, con arreglo a un criterio no tanto temático como de obsesiones y, en parte, por orden cronológico, reglas metodológicas ambas tan congruentemente caprichosas como la invención narrativa exige.
Los textos éditos han sido purificados de errores y de alguna manipulación que en su día

sufrieron, a la vez que clarificados más que repulidos, por lo que puede decirse que se trata de una edición corregida y aumentada, ya que no, al tratarse de cuentos, de textos veraces. Y así se hace constar como advertencia a eruditos y a los amantes de la verdad monda, improbables lectores, las dos especies, de estas páginas.

Gigantes de la música

A veces salía de la bañera y se sentaba al piano. Había convertido el cuarto de baño pequeño en su refugio privado y sólo las noches en que el bombardeo duraba más de lo habitual se decidía a bajar al sótano. Con arreglo a cálculos de balística (que inventaba conforme los explicaba, igual que inventó la mitología ramplona sobre la que asentó su vida), el cuarto de baño pequeño era la única habitación de la casa a la que no podía alcanzar ningún proyectil. En consecuencia, hasta que a principios del 39 se pasó por unas alcantarillas de la Moncloa, el tío Juan Gabriel soportó toda la guerra dentro de la bañera, salvo cuando salía a recorrer los pasillos, para hacer piernas, y a veces, para hacer dedos, se sentaba al piano.

En contraste con la casa de la abuela, en aquel caserón de la tía abuela Dominica, densamente poblado de solteros y criadas, imperaba el silencio a lo largo del día, excepto durante las concurridas comidas y cenas. Pero, inopinadamente, la música llenaba las habitaciones y durante unos minutos cesaba la actividad de las mujeres.

—Eso es de la *Tosca* —decía la tía abuela Dominica.

—A mí me parece, señora, que es *El lago de Como* —opinaba Balbina, de rodillas, con la bayeta chorreante entre las manos.

—Juan Gabriel, ¿qué es eso que estás tocando?

—Mendelssohn, madre.

—Ya se lo decía yo, señora —subrayaba Balbina, que no perdía ocasión de contradecir a la tía abuela para dejar claro que ella, en aquella casa, estaba prestada hasta que su verdadera señora (mi madre) volviese del otro lado.

Y los tres nos quedábamos en el umbral del cuarto de dibujo escuchando. Al rato, la tía abuela retornaba a su ajetreo, advirtiendo doblemente:

—Juan Gabriel, acuérdate que tienes muchos temas que repasar. Que no se te vayan las horas en músicas. Y tú, Balbina, a tus obligaciones.

Balbina aún tardaba un poco en volver a doblarse sobre los baldosines. Yo entraba en el cuarto de dibujo, trepaba al taburete del tío Honorio y asistía al recital, hasta que, inopinadamente, como había empezado, acababa.

Aquellas primeras audiciones junto al piano debieron tener lugar en las semanas de la sarna, la única temporada durante la guerra civil que yo viví en casa de la tía abuela Dominica y de los tíos. Más concretamente, ya en la convalecencia, cuando no tenía que permanecer encerrado día y noche en el cuarto trastero.

Sin embargo, más que la imagen de la tía abuela, de Balbina y de mí mismo en el umbral del cuarto de dibujo, conservo, en las galerías de la memoria acústica, la música del piano al otro extremo de la casa. Y reconstruyendo unas ocasiones que así tuvieron que suceder, me veo encaramado en unos baúles tras el vidrio fijo del montante, en el fondo de la casa, absorto en el recodo del pasillo (mi obsesivo panorama desde el montante) y, como el que percibe que ha despertado mientras aún creía dormir, atento a aquellos sonidos que insensiblemente habían suplantado al silencio. Así y allí tuve por vez primera conciencia de la música, en el lazareto del cuarto de los trastos, con el cuerpo embadurnado de pomada y enfermo de soledad.

Pero aquella música lejana, hasta cuando llegaba a conmoverme o a intrigarme, me producía una sensación de extrañeza, que los años se encargarían de convertir en la convicción de que nunca la música dejaría de serme ajena. Sobre todo, incluso sobre la irresistible atracción que ejercía, la música, la distanciadora música, habría de originarme, también pronto, un sentimiento de enemistad.

—Está celebrando las últimas noticias del frente de Aragón —me susurró una mañana la abuela, mientras ella y Balbina me bañaban.

—Seguro, señora. No hay más que oír lo que toca —corroboró Balbina en tono clandestino.

En los primeros días de mi traslado a casa de la tía abuela Dominica, la abuela se presentaba todas las mañanas e, incluso, algunas tardes acompañada de Riánsares, hasta que, alegando que sus cuidados me enternecían, le prohibieron que viniese a verme.

El tío Juan Gabriel cedía el cuarto de baño pequeño hacia el mediodía y, una vez terminados el baño y la untura, Balbina prendía con alcohol un fuego casi invisible en la bañera; luego, reponía en su interior la colchoneta, el almohadón de terciopelo granate, la tabla de la plancha en funciones de mesa de estudio, los tomos del *Castán*, los códigos, las revistas atrevidas, el cuarterón de picadura, librillo de papel de fumar, mechero, lápices y cucurucho de semillas de girasol, la impedimenta, en resumen, de un opositor a notarías.

—Alguna han hecho en el Ebro o donde el moro perdió el tambor, porque ya le está dando otra vez a los himnos —decía, de pronto, Balbina con aquella voz apesadumbrada, que imitaba de la abuela.

En efecto, la casa vibraba con las heroicidades musicales de un tío Juan Gabriel enardecido por las últimas noticias propaladas por la quinta columna. En aquella familia se aseguraba que el verano del 38 sería el último verano de la guerra y, aunque yo me empecinaba en no creerles, escuchando la pompa patriótica que el tío Juan Gabriel arrancaba del piano, el odio me hacía temblar.

—Ojalá le oigan los vecinos y avisen a los milicianos.

—No te hagas ilusiones con la vecindad de esta casa, mi niño, que son todos carcas. Hay que reconocer, eso sí, que suena bonito —y Balbina, apretando la esponja contra mi vientre, se quedaba inmóvil, tarareando maquinalmente la infamia que nos llegaba del cuarto de dibujo.

Años después, siempre en el cuarto de dibujo del tío Honorio, descubriría yo la música de cámara. Sería ya en los veranos de la postguerra, de estudiante que se ha quedado para septiembre y al que han dejado sin vacaciones en casa de la tía abuela, cuando, al terminar la sobremesa, abandonaba el comedor en compañía de los virtuosos. Para entonces al piano del tío Juan Gabriel se le habían unido el violín de Mucius Scaevola y la flauta travesera (o el clarinete, más según los días que según las partituras) de Justiniano.

Llegaban juntos, a los postres, recién terminado el parte en la radio. Sobre la banca-arcón del recibidor dejaban los estuches de los instrumentos. Entraban en el comedor respetuosamente, lamentando día a día la intrusión. Con un saludo ceremonioso a la tía abuela y otro descuidadamente generalizado para los caballeros sentados en torno a la mesa oval, proponían esperar a Juan Gabriel en la cocina. La tía abuela, que al único varón que permitía merodear por las zonas del servicio era a mí, les invitaba a tomar asiento y les ofrecía un vaso de vino. Ocupaban las dos sillas pegadas a la pared, una a cada lado de la puerta del comedor, declinaban el vino con un gesto de compungido agradecimiento, como de quien nunca lo ha probado, y esperaban a que terminase la cotidiana discusión entre los hermanos. Si la tía abuela Dominica les preguntaba por la preparación de los temas, contestaban, impasibles, que estaban a punto de darle la quinta vuelta al programa. Nunca, por espesa y violenta que se pusiese la discusión entre mis tíos, intervenían; nunca mostraban impaciencia.

Nunca nadie percibió sus miradas tenaces al frutero.

A Mucius Scaevola y a Justiniano la familia de Juan Gabriel les parecía una familia señorial; quizá porque la tía abuela Dominica exigía sentarse a la mesa con americana y con corbata; quizá por los ennegrecidos cuadros y los goyescos tapices que agobiaban paredes y puertas; sin duda, por el tío Javier, dos años menor que el tío Juan Gabriel y ya magistrado, héroe de la jurisprudencia combatiente en los despachos burgaleses durante los recientes tiempos en que Burgos había sido la capital de la patria, luego espía de va y viene en el frente de la Universitaria y, en aquellos días, doctrinario en activo del Régimen. Este conglomerado de blasones mantenía a Mucius Scaevola y a Justiniano con las rodillas unidas y sobre las rodillas las manos hasta que se llegaba a las heces de la última botella de vino o la tía abuela, todavía con fuerzas entonces para silenciar a la jauría de sus hijos, daba por terminadas las holganzas de la sobremesa.

Durase lo que durase la espera ritual, en cuanto el tío Juan Gabriel se ponía en pie me precipitaba yo a conseguir el permiso de la tía abuela y salía del comedor tras el trío. Al final del laberinto de pasillos y habitaciones, el mundo ya era otro. En mangas de camisa los cuatro, mientras ellos desenfundaban los instrumentos y abrían las partituras, liaba yo un cigarrillo y me acomodaba en el taburete del tío Honorio. La obra, programada diariamente a consecuencia de un vivo debate, terminaba por concertarse al segundo o tercer intento y normalmente se desarrollaba sin interrupciones, aunque raramente completa.

Algunas tardes Mucius Scaevola estaba quisquilloso y no perdonaba gazapo al piano, ni a la flauta (o al clarinete). Otras tardes, cuando la música sonaba con tal fluidez y verosimilitud que yo llegaba a olvidarme de sus intérpretes o éstos no parecían lo que eran, bien el tío Juan Gabriel, bien Justiniano, se desgajaban chirriantemente de la ejecución, alegando una fatiga o un tedio que les impedía continuar. En ocasiones, Mucius Scaevola emprendía un solo de violín, aunque no era infrecuente que accediese a acompañarles en la interpretación de las más famosas melodías de las operetas de moda. Incluso el tío y Justiniano cantaban, mimando en falsete al tenor, a la supervedette o al gatuno coro de vicetiples.

A la velada ponía término la aparición del tío Honorio, que fingía no percibir el sobresaltado abandono de mi cigarrillo en el cenicero y que, con cara de siesta aún, venía a recuperar su cuarto de trabajo. El trío recogía, con mi ayuda, el *atrezzo* orquestal, el tío Juan Gabriel cerraba con llave el piano y, otra vez por los lúgubres pasillos y las penumbrosas habitaciones, regresábamos hacia el interior de la casa. En la sala de costura se despedían de la tía abuela y algunas tardes afortunadas, en las que coincidían la invitación de los opositores y el consentimiento de la tía abuela Dominica, se me autorizaba a que les acompañase a estudiar en casa de Justiniano.

Horas después era frecuente que, en una pausa de fatiga o de repentina repugnancia, me asombrase de que aquellos tres hombres, en cuya compañía venía trajinando de café en café y de billar en billar, fuesen los mismos que aquella misma tarde, ensimismados y tenaces, habían interpretado a Bach o a Schubert, a Schumann o a Granados, y que ahora, después de encargarme comunicar por teléfono a la tía abuela que cenábamos un bocadillo para proseguir estudiando, acosaban a una tendera o pretendían acostarse gratuitamente con un desecho de la ramería del barrio. Mucho después, cargado yo con mi *Salustio Alvarado* y con el *Castán* del tío Juan Gabriel, rehuyendo al sereno para ahorrar la propina y ahítos de coñac, lográbamos abrir el portal y subíamos la escalera a trompicones, para separarnos en las tinieblas del recibidor.

Dada la condición de los habitantes de aquella casa, no resultaba insólito que, antes de alcanzar la guarida de la cama, me tropezase con alguno de mis tíos, también de regreso o merodeando el cuarto de las criadas, o descubriese dormido sobre el tablero de dibujo y con el flexo encendido al tío Honorio, o que, al atravesar el dormitorio de la tía abuela para alcanzar la alcoba interior en que yo dormía, oyese una voz sonámbula que, llamándole por su nombre, preguntaba la hora al marido muerto hacía quince años. Por fin, y algunas noches sin fuerzas para desnudarme, caía en la cama y, de inmediato, se me iba el sueño y el coñac encendía una constelación de pensamientos fosforescentes, que no lograba controlar y que me sumían en una angustia desfallecida, en los remordimientos.

Pero también cuando la Fortuna no me favorecía con un interminable peregrinaje de golfería garrapatera por la zona de la glorieta y, al terminar la velada musical, la tía abuela Dominica me mandaba a estudiar al despacho (única pieza del caserón que nadie utilizaba nunca), el insomnio se apoderaba de mí nada más tenderme en la cama y la fronda de pensamientos, azuzada por el calor de aquellas polvorientas noches de verano, ya que no por el coñac, me agotaba, me hundía en esas somnolencias que imitan engañosamente al sueño y, a pesar de que todavía no había vivido catorce años, me abrumaba de recuerdos. Todavía me consideraba a mí mismo fundamentalmente un niño y, sin embargo, tenía la sensación, por lo que había perdido y lo que había olvidado, de haber vivido mucho.

Cuánto había cambiado el mundo para mí desde el Año de la Victoria, sin avisar, sin detenerse... La abuela había muerto y había muerto Luisa. Mi madre había regresado y era distinta a la que yo había recordado durante la guerra. Habíamos recuperado a Balbina, Riánsares acababa de casarse y el abuelo vivía con nosotros en la casa de Argüelles, reconstruida aprovechando sus propios escombros. Según Silverio Abaitua, que continuaba en el antiguo barrio de los abuelos, la Concha trabajaba de dependienta y emputecía descaradamente. De Tano apenas tenía noticias y no me gustaba pensar en él, lo mismo que me enfurecía seguir deseando la carne de la Concha o igual que me negaba a admitir que la abuela hubiera muerto después de la derrota. A veces, sentía, sin poderlo remediar, que más dolorosa que la pérdida de la abuela era la pérdida de su casa, de aquella casa mía durante los años de la guerra y cuyo recuerdo me hacía extraño en cualquier otra.

El despacho se iba obscureciendo y, conforme la luz de la tarde desaparecía en los dos balcones del despacho, se iba gastando la mina del lápiz a fuerza de trazar rayas sobre el borrador de un cuadro sinóptico de los mamíferos ungulados. En octubre volvería al internado; algunos domingos iría a verme mi madre a las horas de visita; otros, me correspondería salir y mi padre me llevaría al Museo del Prado. Cualquier tarde de aquéllas, a poco que insistiese, el trío me dejaría entrar con ellos al prostíbulo de la calle San Marcos y, a poco dinero que les sobrase, me pagarían una mujer, cuyo cuerpo (más placer no podía imaginar) sería como el de la Concha o el de Balbina. Quizá, a pesar de lo que decían los tíos y de lo que decía la radio, la victoria sería para los aliados, que vendrían a España a expulsar en menos de una semana a los curas y a los falangistas; quizá un día las calles de Madrid se volverían a llenar de pioneros desfilando, de iglesias ardiendo, de milicianas con mono ceñido a las nalgas y correaje, de libertad. Pero aquel futuro, imaginado para aliviar las horas de estudio de la pesadumbre del presente, a cada ensoñación perdía vigor, como la luz en los balcones, como el lápiz despuntado, como alguno de los pasajes musicales más reiterados por el violín, el piano y la flauta.

Diese la luz eléctrica o continuase en la penumbra proveniente de los faroles recién encendidos, me entretuviese o no en contar por su ruido los automóviles que pasaban por la calle, terminaba por rechazar todo recuerdo y todo proyecto, y me distraía reconstruyendo mentalmente la música que había oído aquella misma tarde o una tarde cualquiera. Intentaba escalar aquel himalaya de oídas, analizando mi ignorancia sobre un fenómeno que, en esencia, me resultaba incomprensible y sobre el que, en definitiva, no tenía más datos que las sensaciones que me provocaba, las excéntricas opiniones del tío Juan Gabriel y alguna noticia concreta, arrancada a Mucius Scaevola.

Apenas emprendida la ascensión, caía. Aún habrían de pasar muchos años para que, ocupadas algunas cimas, sólo divisase desde ellas la conocida llanura de mi sensibilidad exacerbada. Pero entonces, escapando de las complacencias sensibleras, creía yo que en las cumbres ocultas por las nubes habría de encontrar un alivio original y aún más reconfortante que el que me producían algunos de los cuadros del Prado y algunos de los libros que devoraba. Es más, resbalando por la primera estribación de aquel himalaya turbiamente intuido, me empeñaba en horadarlo, aplicando literalmente la metáfora de profundizar en el conocimiento, como quien horada una duna en busca de las entrañas de un volcán.

Y, de repente, durante alguno de aquellos veranos de la adolescencia maravillosamente miserable, creía haber alcanzado simultáneamente la cumbre y el corazón de la montaña. Había reconocido, por ejemplo, durante un concierto a la hora de la siesta una obra escuchada en épocas lejanísimas. En los días siguientes, a fuerza de insistir que aquello se lo había oído yo tocar al tío Juan Gabriel en el último verano de la guerra civil, conseguía que prestasen alguna atención a mis torpes canturreos.

—Muchacho —sentenciaba el tío Juan Gabriel—, tienes menos oreja que la Victoria de Samotracia.

—Vamos a ver —condescendía Justiniano—, ¿dónde le oíste tocar a tu tío eso que dices?

—Aquí mismo. En este mismo piano y en esta misma habitación. Cuando yo vivía en esta casa, por lo de la sarna. Lo juro. A finales del verano del 38. Lo juro por mi madre.

—¿De qué sarna hablas? —preguntaba el tío Juan.

—Pero en el verano del 38 hacía ya meses que tú, Juan Gabriel, te habías pasado a zona nacional... —dictaminaba Justiniano, dando por terminada la pesquisa.

—¿Puede ser esto? —y Mucius Scaevola me dedicaba unos compases.

—No, no, Mucius, no es eso. Acuérdate, tío, que, mientras Balbina desinfectaba la bañera, tú te venías aquí a tocar el piano. Además, te pregunté entonces y tú dijiste que el compositor había sido un italiano golfo.

—Pues ahora sí que vaya usted a saber... —suspiraba Justiniano—. Por cierto, ¿quién era Balbina?

El tío Juan Gabriel le secreteaba unas palabras y Justiniano reía. El piano súbitamente se encanallaba y, con ademanes feminoides, entonaba Justiniano las voluptuosas sensaciones que acometen / después del baño / con el perfume de un cigarrillo. Más tarde, mientras la flauta y el piano caían en un silencio depresivo y Mucius Scaevola triscaba en el violín por paisajes instantáneos, yo iba recuperando ánimos para recobrar, mediante una música que cada vez me importaba menos, unos instantes de un verano remoto.

—Disculpa, Mucius.

—¿Qué, ya te vas acordando de algo más?

—No, todavía no. Pero ¿qué era lo que has tocado hace un rato para ver si era por casualidad lo del italiano golfo?

Mucius Scaevola interrumpía sus caprichosas

divagaciones y, tras unos momentos de concentración, arrancaba impecablemente de nuevo, anunciándome:

—*La ritirata de Madrid.*

—Jamás he dicho —decía el tío Juan Gabriel, sustituyendo el ensimismamiento por su arraigada afición a las cominerías de la historia de la música— que Bocherini fuera un golfo. Todo lo contrario.

—Yo, la verdad, es que nunca consigo distinguir entre Bocherini, Donizetti, Cherubini y Scarlatti, que, encima, parece que era más de uno.

—Eso te pasa, Justiniano —aclaraba el tío Juan Gabriel—, porque Bocherini y Domenico Scarlatti fueron, los dos, funcionarios de aquellos Borbones degenerados, en una España que dimitía de su esencial unidad y que se regodeaba en los localismos coloristas. Por cierto, ayer, o anteayer, decía en *Arriba* don Eugenio D'Ors que la música de alta calidad opta por la diversidad de la base nacionalista con la cauta discreción que en una mesa refinada utilízanse los aliños plebeyos.

—Coñe... Nunca se me habría ocurrido.

—¿Estás seguro, Mucius, de que lo que estás tocando se llama *La ritirata de Madrid*?

Los ojos de Mucius Scaevola, cerrándose, asentían.

Durante las próximas semanas, en la soledad del despacho o en la obscuridad de la alcoba, renunciaba a la búsqueda del pasaje olvidado y, con la perfección de las interpretaciones mentales, me repetía hasta desfigurarlo aquel solemne himno de la derrota. Así se incorporaba y para siempre (como tantas otras imágenes inspiradas por la música) a mi iconografía mítica la imagen del ejército republicano atravesando los pirineos de la sierra de Guadarrama, para en su ladera norte dejar caer, ya en tierra francesa, las armas.

Ayudándome de la música para desfigurar unas ocasiones cuya realidad me dañaba demasiado, a las sensaciones de algo ajeno y enemigo que la música (hasta cuando me conmovía o me intrigaba) despertaba en mí desde que por primera vez la escuché en el cuarto de los trastos, se unía ahora la utilización de la música como un elemento compensador (tal que en el cine, pero estáticamente) de la confusión. En los equívocos diarios y crecientemente barrocos en los que intervenían irracionalmente los muslos de Balbina, las risas obscenas del piano y la flauta, la guerra, la muerte de la abuela, el olvido y la necesidad de venganza, la grandeza de *La ritirata* contribuía a arrancar del caos el cuadro de un ejército que se aleja por las calles en retirada hacia las montañas. Allí, al menos, en la falsedad, encontraba yo alivio y, lo que era más decisivo, una vez recreada por mí, me encontraba justificado para aceptar la derrota y, arrojando el lastre de mi vida anterior, autorizado para empezar a vivir exento de lo que hasta entonces había amado y defendido.

Comencé a comprender aquellas fatigas y aquellos hastíos que, repentinamente, obligaban al tío Juan Gabriel y a Justiniano (incluso a Mucius Scaevola) a pasar casi sin solución de continuidad de Brahms al fado marchiña de *La hechicera en palacio*. Y a comprender mucho más a Balbina, para quien la música se reducía exclusivamente a aquellas placas de setenta y ocho revoluciones por minuto que, en mis encierros del cuarto trastero, me había ofrecido como la única música útil, no como una coartada. Si aquel misterio se resolvía en su natural fugacidad, ¿a qué conducía penetrarlo (o escalarlo), si no era nada? Salvo que mixtificase su ausencia de significados, los efectos sobre mi emotividad (a diferencia de la pintura y de la literatura) no habrían de ser muy distintos así escuchase *La ritirata* o, en el gramófono de la tía abuela, la serenata de *Molinos de viento* en la voz del barítono Ernesto Hervás. El secreto de la música residía en que era muda.

Sin embargo, a los pocos días dudaba ya de que el misterio de la música consistiese en que conocerlo o ignorarlo resultaba indiferente para quien la escuchaba. Y es que no quería arrojar fuera de mi vida ni a la abuela, ni a la derrota, sino aprender a vivir soportando la maraña de los recuerdos. *La ritirata* dejaba de ser el réquiem de los vencidos y se transformaba en la acompasada marcha de quienes han asumido la catástrofe y esperan un día regresar triunfantes. Bastaba variar la alternancia de los *crescendi* para que *La ritirata* sonase como una marcha triunfal, igual que bastaba con imaginar inmensas y rojas las banderas victoriosas del himno falangista para que su música sonase hermosísima, o simplemente bonita, como le sonaba a Balbina en plena guerra. Había, por lo tanto, que escalar (y horadar) aquel himalaya sabiendo que las rocas de sus laderas se sustentaban en el fango de las ilusorias utilidades o de la esperanza.

Debía reprimir la impaciencia y persistir tercamente en el conocimiento de aquel arte para el que no estaba dotado y que, obnubilándome, generaba, a mi pesar y como ningún otro arte, un deleznable sentimentalismo. Me empeñaba en imaginar que en algún momento la música (y no precisamente la que cantaba el barítono Hervás) me orientaría en el laberinto y que quizá el esfuerzo de comprenderla y la vergüenza que sentía al escucharla me recompensarían en el futuro con una sabiduría de rara embriaguez, como la que presentía que alcanzan los ajedrecistas o los toreros. Emprendí de nuevo la pesquisa erudita.

—No canses a tu tío Juan Gabriel que tiene mucho que estudiar.

—Pero, tía, si a él le descansa ponerse al piano...

—Sí, en eso tienes razón. Desde muy niño, sin que supiésemos por qué, Juan Gabriel fue muy filarmónico.

El tío condescendía a recordar en ayuda de mi memoria y ejecutaba fragmentos de su repertorio italiano. Pronto necesitaba variar, emprendía con tesón un vals de Chopin y, envalentonado, abría la partitura de la *Hammerklavier*, esa sonata de Beethoven que nunca llegaría a someter, para acabar, como quien se despoja de una máscara, con una versión a ritmo de fox del vals de Chopin que había abierto el recital. Se levantaba del taburete, cerraba con llave la tapa del teclado y se marchaba a dormir la siesta.

Probablemente era agosto ya, porque el calor venía durando demasiado. Yo me adormilaba sobre el tablero de dibujo del tío Honorio, calculando cuánta tarde quedaba aún por transcurrir, cuánto verano aún hasta que mis padres, el abuelo y Balbina regresasen de San Sebastián, qué pocas semanas para volver al internado...

No era fácil en aquellos días conseguir que el tío Juan Gabriel tocase el piano después de la comida, ya que, sin Mucius Scaevola y sin Justiniano, se estaba aficionando a las siestas desmedidas. Mucius Scaevola debía acudir a las cinco al consultorio de venéreas donde le curaban una despiadada blenorragia, de cuyas curas no se recuperaba antes de las ocho, hora de encontrarse ya con Juan Gabriel para verle beber coñac. Justiniano había sufrido tal conmoción a causa de las purgaciones de Mucius Scaevola, transmitidas por la misma pupila a la que él había ocupado quince minutos antes, que había determinado abandonar las oposiciones, la música, las amistades y las mancebías, presa de una violenta vocación sacerdotal. Cuando le telefoneaban contestaba con jaculatorias y, según el tío Juan Gabriel, Mucius Scaevola le instaba a que con sus oraciones acelerase los efectos del permanganato contra el flujo de moco, aunque, según Mucius Scaevola, él se limitaba a recomendar a Justiniano prudencia laica, que se le estaba atiplando la voz.

Los denodados esfuerzos para avanzar en la *Hammerklavier* cesaron y mi estancia en el cuarto de dibujo ante el piano cerrado dejó de tener objeto. Nada más comer me instalaba en el despacho y, a cambio, la tía abuela Dominica me permitía salir a las ocho, en compañía del tío Juan Gabriel, si él accedía, o a dar un paseo solitario por las polvorientas calles, que el crepúsculo agobiaba de bochorno. Para sorpresa mía, comencé a sentir necesidad de escuchar música. Al comedor, tabernáculo del receptor de radio, estaba prohibida la entrada hasta el momento de la cena y, después de ésta, los mayores siempre elegían programas mostrencos. Mientras llegaba el sueño, imaginaba en la cama que sabía tocar el piano e interpretaba en mi propio beneficio impecables recitales, incluido Liszt al que ignoraban el tío y el trío.

Una cualquiera de aquellas tardes, infectadas de inquietud y de desgana, aparecí por la sala de costura de la tía Dominica, donde a su alrededor movían la aguja María, la costurera, las dos criadas que aún resistían los asaltos de mis tíos y todavía no habían sido despedidas, y doña Adelita, la viuda del cuarto piso. Conocedor de la etiqueta que regía aquella representación en cuadro vivo de *Las hilanderas*, saludé a doña Adelita y a María, respondí sobre el estado de mis estudios y me interesé por la salud de la viuda, solicité permiso de la tía abuela para acompañarlas y, concedido gustosamente, ocupé la histórica silla de campaña del tío Javier junto al abierto balcón. Por el balcón entraba a aquella hora la milagrosa sensación de frescura que producía Fausto regando el jardín de la floristería. Olía a tierra mojada y removida, de vez en cuando se oía hablar a Fausto con su mujer, alguna de las mujeres suspiraba y María cada tanto se asombraba de la duración de las tardes de verano, que hacían innecesaria la luz eléctrica.

Sin previo aviso, alguna de ellas rompía el silencio y las demás comenzaban a hablar al unísono, en contrapunto, hasta que la tía abuela pedía formalidad y calmaba el guirigay. Para aquella época ya había superado yo los reparos de conciencia de sentirme atraído por doña Adelita, una señora de patente honestidad, como la hermana menor, según ellas decían, de la tía abuela, y que tenía no menos de cuarenta años. Sin apenas escuchar lo que chachareaban o, cuando cosían en silencio, defendiéndome con ojeadas al jardín de Fausto, componía una expresión de bobo y abandonaba la mirada en la carne cremosa de los brazos de doña Adelita, incluso en su rostro meticulosamente maquillado. A veces, mi mirada era capturada por la suya y ella, a su vez, me sonreía bobaliconamente. Las noches en que el recuerdo de la Concha o los proyectos para cuando Balbina regresase me asfixiaban, fabulaba intrincadas gorrinerías con una doña Adelita embravecida, lo que me producía una deliciosa sensación de culpabilidad y riesgo al encontrar la tarde siguiente a la doña Adelita real en la sala de costura.

Aunque así era denominada ordinariamente, la sala de costura constituía, como la tía subrayaba en ocasiones, el gabinete de recibir a los íntimos de la tía abuela Dominica. En aquella habitación del fondo de la casa, medianera con el cuarto trastero, la tía abuela acumulaba comineros tesoros, entre los que destacaba, incrustado en un mueble de madera rojiza con un espacio compartimentado para los discos que se cerraba mediante una puerta de persiana, el gramófono. No en aquél, sino en otro de bocina arrumbado en el cuarto de los trastos, Balbina había aliviado mis soledades de niño sarnoso con tangos de Gardel, con el coro de las segadoras de *La rosa del azafrán*, con toda la pequeña música previa a la música gigantesca e incomprensible que habría de descubrirme el piano del tío Juan Gabriel. Únicamente, por lo tanto, tuve yo que aprovechar uno de los taciturnos silencios que ensombrecían la sala de costura para proponer:

—Tía Dominica, ¿les gustaría a ustedes que les pusiese unos discos?

La propuesta, apoyada jubilosamente por el servicio y con la anuencia condescendiente de doña Adelita, fue autorizada, bajo la condición de que limpiase con la gamuza cada placa antes y después de su audición, de que no desordenase el musiquero (como, impropiamente, según el tío Juan Gabriel, denominaba la tía abuela al mueble del gramófono), de que ninguna placa se guardase sin introducirla en su funda de papel y de que, por supuesto, cambiase la aguja cada cuatro o cinco composiciones.

—¿Qué le apetece oír a usted, doña Adelita?

—Uy, hijo, qué compromiso... Es muy cortés por tu parte, pero, la verdad, una lleva siglos sin escuchar música. Primero, por el luto, claro. Y luego, porque una se acostumbra a no oírla y ya no se lo pide el cuerpo.

—Pues tu Sergio, que Dios tenga en su gloria, bien que disfrutaba el pobre en el Retiro con los conciertos de la banda municipal. Llamaba a la puerta algunos domingos y me decía: Dominica, avíate, que en diez minutos bajamos a recogerte Adelita y yo para llevarte al Retiro al concierto de la banda municipal. Y allá nos íbamos los tres y el pobre de tu Sergio, tan sensible como era, tan caballero, se pasaba todo el santo concierto escuchando a la banda. ¡Ay Señor!, qué domingos aquellos de la banda municipal...

Doña Adelita me miraba a los ojos con sus ojos repentinamente humedecidos. Yo sonreía angelicalmente.

—Anda, guapo, ya que me das a elegir a mí la pieza, pon *Las campanas de Saint Malo.*

Así, en el intervalo blenorrágico de aquel verano, se hizo costumbre que, a la caída de la tarde, acudiese yo a la sala de costura y, a solicitud de las oyentes, manipulase en el gramófono un concierto de previsible factura. Con independencia de su calidad (como no era el caso con las novelas de Pereda o con *Jura de Fernando VII como Príncipe de Asturias*, de Paret), aquella música podía llegar a provocarme idéntica (si no más) morbidez emocional que una sonatina romántica ejecutada por el trío y, en el peor de los casos, calmaba, al menos, mi necesidad de escuchar. Por añadidura, el aire limpio que subía del jardín de Fausto y las potentes piernas de doña Adelita, ceñidas por unas medias brillantes, contribuían a la pegajosa turbación de aquellos anocheceres.

—Pon ahora la romanza gitana de *Alma de Dios* —decidía la tía abuela Dominica y al instante sonaba la canción húngara de *Alma de Dios*, cantada por el señor Sagi-Barba y coro, a cuyas respectivas intervenciones se sumaban en sordina las voces de doña Adelita y de la tía abuela.

—Ahora que diga María lo que vamos a oír.

—Lo del ruiseñor —ordenaba María sin titubeos y sin cesar de pespuntear velozmente, salvo en el tercio final del *Canto del ruiseñor*, *im-*

presionado al natural, cuando levantaba el rostro de la camisa del tío Guillermo hacia la luminosidad dorada del bosque donde el ruiseñor trinaba sobre el ruido de fondo de los castigados surcos.

—Ay, señora, es que me da no sé qué... Lo que la señora mande.

—No me vengas con melindres, Patro, y dile al señorito qué pieza eliges.

—Pues, ésa de *La reina del cine* —pedía Patro riendo alocadamente; y *La reina del cine*, de Gilbert, sacudía las rancias paredes de la sala de costura.

—A mí estas modernidades, ¿qué quieres?, me suenan a música de negros.

—Con toda razón y fundamento, Dominica —apoyaba doña Adelita, mientras a la Patro se le iban los pies—. Oye, para cuando quiten la de romanos y leones, en el Bilbao tienen anunciada la de Merle Oberon.

—Y ¿cuándo escapo yo, Adelita, de esta esclavitud de hijos? Para cines estoy..., que sólo yo sé lo que daría por encontrarles en tales tiempos una buena camada de mujeres de su casa. Por Dios, ¡qué estridencia y qué barullo, Patro!

Pero a continuación la compañera de Patro (¿Teresa?, ¿Doro?) restauraba la música de blancos, solicitando *Ay, Benito*, couplet cantado por La Goya. Y así iban transcurriendo aquellas veladas hasta que era hora de preparar la cena. Las muchachas, al irse a la cocina, encendían la luz eléctrica y, poco después, María recogía la labor y la tía abuela salía a despedir a doña Adelita. Apagaba la luz y me quedaba aún en la sala de costura, acodado en el balcón sobre el jardín de Fausto, que olía más en la obscuridad de la noche y cuyo silencio me sosegaba, me devolvía a la apacible tristeza de vivir. Más tarde, la voz de Teresa (o de Patro o de Eulogia) me convocaba al comedor y, mientras la voz se preguntaba dónde estaría yo, por unos instantes me preguntaba yo lo mismo, regresando de los nocturnos de la memoria y los temores.

También las oyentes de la sala de costura terminaban por saciarse de música y, sobre las repetidas murgas que escuchábamos tarde tras tarde, brotaba espontáneamente el torrente de su charloteo entrecruzado, regido sólo por las asociaciones verbales. Cuando descubría que la música seguía sonando, alguna, por guardar un hipócrita respeto hacia las formas artísticas, me pedía que sustituyese la serenata de *Molinos de viento*, en la voz del sempiterno barítono Ernesto Hervás, por la voz de Ricardo Calvo declamando *Marcha triunfal*, de Rubén Darío, o por las voces de Ricardo Calvo y Lola Velázquez en *¡Escríbame una carta, señor cura!*, del siempre bien recibido Campoamor.

Yo suponía en aquellas cinco mujeres la misma inconfesada vergüenza (una especie de asombro escandalizado) que me producía una voz humana cantando. Sin embargo, apenas si me detenía a analizar aquel rechazo instintivo por el canto. Enardecido a mi vez por la sonoridad retumbante del recitador que había sucedido a las vocalizaciones del barítono, sospechaba que la música y la poesía (por accesible que ésta me hubiese parecido hasta entonces) eran, bajo diferencias engañosas, el mismo arte. La diferencia esencial es que una se me aparecía como una montaña inescalable e impenetrable, mientras la otra constituía mi secreta vocación y mi vergonzante oficio. Poco a poco, en los estertores de aquel verano (que fue quizá el del desembarco en Sicilia) o durante mis siguientes veranos de estudiantón contumazmente abocado a septiembre, la sospecha se fue haciendo certeza.

Fui reservando para los momentos de arrebatadora inspiración la creación poética sobre las rayadas hojas arrancadas de los cuadernos escolares. La idéntica naturaleza de la música y de la poesía me infligía dolorosísimas heridas, esa herida atroz (que, por mucho que vivamos, nunca cicatriza completamente) de descubrir que el mundo no es el lugar confortable que habíamos imaginado.

En el helado salón de estudio del internado, durante las sudorosas tardes en el despacho, cada vez me parecían más detestables, contrahechos y estúpidos (como el clarinete de Justiniano cuando, fatigado y aburrido, pasaba de Mozart al maestro Alonso) mis versos. Leía con mayor fruición los poemas que, hasta hacía poco, había creído fácilmente imitables. Me odiaba y odiaba la inaccesibilidad de la poesía. Cargado de ímpetu, con voluntad de artesano, me engañaba durante unas semanas. Inútilmente. Pronto (y tuviesen o no la misma naturaleza aquellas dos artes) me encontraba frente a un espejo, que reflejaba mi imagen peleando por conseguir un soneto y que congruentemente me devolvía la imagen del tío Juan Gabriel en lucha con la partitura de la *Hammerklavier*. Así, en un día de aquellos años destartalados y traslúcidos, renuncié, me resigné a la prosa.

Igual que veía reconstruir mi barrio con sus propios escombros, comenzaba a construir mi vida con los cascotes de la renuncia. Inerme y altanero, tanteando en la obscuridad y extraviándome el resplandor de las hogueras de las súbitas revelaciones, ninguna decisión duraba más de un mes, ningún descubrimiento conservaba su lozanía, ningún proyecto llegaba a realizarse. No obstante, el edificio se iba alzando, construido en su mayor parte (y yo lo sabía) con materiales de derribo. La formación de mi carácter (o de mi espíritu, como yo creía entonces) era independiente, por supuesto, de que la percibiese o no, pero fundamentalmente el proceso se desarrollaba sin que yo tuviese noticia verdadera de lo que estaba sucediendo fuera de mí.

¿Adiviné que la fuente de la poesía, que mi sed de vivir entonces dejaba seca, años después, aplacada aquella sed, se convertiría en una fuente inagotable y en cuyo sonido radicaría su finalidad? Ignoraba que muchas experiencias, que daba por conocidas y canceladas, habría de volverlas a conocer de nuevo, me parecerían otras, como irreconocibles me habrían de resultar mucho tiempo más tarde *La ritirata* o las *Sonatas para piano y violín* de la opus 30, de Beethoven, toda aquella música falseada por el trío de los opositores a notarías. Y es que, en aquel mundo desordenado y equívoco, mis ilusorias exigencias y mis erróneas atribuciones, contribuyendo a confundir aún más la realidad, me hacían vivir en balde.

Mucho tiempo habría de pasar también para que la figura del poeta perdiese la excepcionalidad sobrehumana que poseía en mi fantasmagórico universo. Por entonces, solía detenerme, nada más salir del portal de la tía abuela, ante el catedralicio portal de la casa de Manuel Machado. A pesar de que no sólo leía y memorizaba sus poemas sino que los sabía descifrar, pensaba que allí vivía un músico. Más tarde, cuando me viese obligado a burocratizar el mundo, Manuel Machado sería adecuadamente reclasificado en su gremio, incluso su figura paseando por los bulevares o la glorieta recuperaría la dimensión real, que entonces no tuvo. Con todo, después de arrancar las costras mitológicas, habría de perdurar incólume en mis recuerdos la gigantesca pomposidad de aquel portal, su enormidad, que reclamaba música de órgano.

Pero si la imaginación me ayudaba contra la realidad y su insidiosa prepotencia, el descuido me preservaba aún más de ella. Así como tardaría medio siglo en ver, de repente (después de haber recorrido en cientos de ocasiones esa calle), que la iglesia de Santa Cruz cierra la perspectiva de la calle de Hortaleza, habría de morir mi padre, y luego el tío Javier, para que una avalancha de intuiciones, de ecos, de dispersas señales, me obligase a sospechar, de pronto, sobre la naturaleza de los tratos que mi padre había mantenido durante aquellas entrevistas nocturnas con un tío Javier que emergía en pleno Madrid republicano de las alcantarillas. Ya era tarde para reparar la inadvertencia que había durado lustros y únicamente podía yo, invirtiendo el reloj de arena, recurrir a la imaginación compulsiva de mi adolescencia para llenar afantasmadamente aquella página en blanco.

Otros acontecimientos tardaron menos años en revelarse y la tarea de rehabilitar la parte del edificio, construida por el descuido y derruida por la evidencia tardía, sólo comportaba, una vez más, la aceptación de haber vivido engañado por las apariencias. A ese rencor de la ingenuidad engañada ya me había habituado en los últimos veranos del bachillerato y, quizá aún más, en los siguientes, que continuaba pasándolos en casa de la tía abuela Dominica y en los que, además de con un concierto a la hora de la siesta, el trío me ilustraba con su ciencia jurídica de inminentes notarios.

Más o menos fue por entonces (pero ¿en qué año exactamente?) cuando los tres, con la contundente recomendación del tío Javier, sacaron plaza en una de las oposiciones patrióticas al imperio notarial. Instantáneamente abandonaron los instrumentos musicales, como desprendiéndose de la capa y la pandereta de la tuna para revestir la toga. Ya había terminado probablemente la guerra mundial o estaba a punto de ser bombardeada Hiroshima. Pero quizá fue un año más tarde o un año antes, en todo caso hacia aquella primavera en que mis padres salían todas las noches y Balbina, dichosamente inerte para mí, se preguntaba noche tras noche por el destino del tío Juan Gabriel.

Aunque durante el día me irritaba el amartelamiento de mis padres, nada más retirarme a mi cuarto después de la cena auscultaba ansiosamente los ruidos de la casa a la espera de que, el abuelo instalado en su cama, Balbina cerrando los grifos de la cocina y mi madre entrando y saliendo del cuarto de baño, por fin partiesen mis padres. Abandonaba el libro precavidamente abierto y, refrenando mi impaciencia para darle tiempo a que se pusiese el camisón, atravesaba la casa en tinieblas y, al cabo de una eternidad, entraba en su dormitorio. En aquel tiempo ya no solía rechazar mi intrusión por motivos caprichosos. Incluso algunas noches, mientras sentada en la cama Balbina hacía punto, ponía yo más generosidad que rutina en mis caricias. Tendido a su lado pero siempre sobre la colcha, hablábamos con la intimidad que ninguno de los dos teníamos con ninguna otra persona, con la diferencia de que Balbina contaba sin ambages los fracasos con sus novios y yo fabulaba historietas, que a veces ella creía y a veces servían para excitarla.

Siempre me había preguntado por el tío Juan

Gabriel. Pero en aquella feliz primavera de un año incierto ya no eran los virtuosismos musicales su principal núcleo de interés. Abandonando las agujas de punto, con la expresión ausente y una crispada sonrisa, se preguntaba (y me preguntaba) por el futuro del reciente notario y dimitido pianista. Dejando fluir una conversación que sólo ella dirigía, la audacia de mis manos no encontraba obstáculos y algunas noches lograba yo retirar la colcha y la sábana, y acariciar aquel cuerpo (amado por el uso desde mi infancia) hasta la saciedad.

—Se casará. Ahora ya no tiene excusa; ya lo verás. La que de todas todas sale ganando es su madre, que se libra de uno. Y de los peores, aunque no hay ninguno bueno en esa casa. Eso sí, le van a echar en falta. En cuanto se instale en el pueblo al que le envían y se case con la maestra, o con la rica del pueblo, manda a pedir el piano y ya ni piano les va a quedar. ¿Te acuerdas de cuando la guerra, que nos enseñó a ti y a mí los cánticos fascistas, cuando en Madrid entonces nadie los sabía? Que no se te olvide. Había veces que no se daba cuenta de que tú y yo le estábamos oyendo y qué cosas, madre, qué cosas más preciosas tocaba... Le sacaba al piano una pura divinidad. Y luego, claro, tú y yo oíamos en las placas a Angelillo o pobre gorrioncillo / qué pena me ha dado...

—... / se lo llevan preso / mi vida / por enamorado.

—... y ni tú, ni yo, llorábamos ya de emoción. Qué cabrito... De tan cabrito que ha sido siempre nos quitó la emoción. Eso no se lo perdono. Y es que ha vivido amargado de tener que vivir de su madre, sin alegría de la verdadera, sin dejarnos que los demás tuviésemos alegría. No se lo perdono. Lo mismo, fíjate lo que te digo, lo mismo, ahora que va a ganar el dinero a espuertas, no por lo que sabe hacer sino por lo que le han mandado que haga, no se casa y escapa un sábado sí y otro no de mujeres a la capital. Ya va siendo viejo para quitarse de encima tantos vicios malos como lleva dentro, el gusto de pagarlas y salir de estampida, fíjate lo que te digo, yo creo que otro gusto no tiene. Pero así se deje cazar o no el muy camastrón de él por la rica del pueblo, o por la hija del alcalde, o por la maestra, ya verás cómo van a notar que no está, que ya ni siquiera suena un poco de música por los pasillos de la casa de tu tía abuela, lo peor que jamás he conocido, peor que la propia guerra, más peor que el hambre y los sabañones. Hay veces en San Sebastián que sin venir a qué me acuerdo que estás viviendo allí, entre ellos, con esa bruja que es la culpable mayor, y te juro que me entra la congoja. Si me acuerdo, antes de dormirme rezo para no soñar con aquellas habitaciones. A ver si este año estudias y apruebas todas, hasta el Civil, y te vienes a San Sebastián. Tengo ganas de ver al Nacho. Lo que es la vida..., ahora que parece que ando mejor con Sebas, ya ves, me entran ganas del Nacho. Y como me acuerdo bien, pero muy requetebién, de los tantísimos años que pasé allí, me alegro que se lleve el piano y se queden solos con la mugre y las manías y esa luz de invierno, que allí hasta en verano hay luz de invierno, o de hospicio. La culpable es ella, que parió hijos a mansalva sin percatarse de que sólo estaba hecha para madre de uno. ¿Cómo sería tu tío abuelo? Anda, corazón, deja de sobar, que no quiero calentarme esta noche.

Pero probablemente aquella noche, o la anterior, o unas noches más tarde, ya había dejado de acariciar su carne cuando me lo pedía. Puede que ya ni la escuchase o que la escuchase a ratos, hasta que se quedaba dormida hablando, y yo, después de rozar con mis labios sus labios entreabiertos, vagaba por las tinieblas de la casa. En mi cuarto cerraba los libros, apagaba la lámpara, me desnudaba. Ahora, guiado por la parpadeante luz de los recuerdos, seguía vagabundeando por el tiempo de aquel verano de la sarna y, con una cuidadosa habilidad de arqueólogo, desempolvaba restos desatendidos, o erróneamente valorados, reinterpretaba, catalogaba, comprendía. A punto de llegar a la revelación, me negaba a proseguir. No quería pensar más allá; me negaba, sobre todo, a descubrir que quizá el tío Juan Gabriel y yo no fuésemos tan distintos, como yo siempre había creído a pesar de la sangre común. Para no perder la devoción por el cuerpo de Balbina, uno de mis pocos sentimientos auténticos, el recuerdo se desviaba hacia otros yacimientos ya excavados y distraía el dolor incipiente repasando hallazgos que, ahora ya en las vitrinas del museo de la memoria, parecía pueril que me hubieran herido.

Por ejemplo, en el cuarto de dibujo del tío Honorio y durante una tarde calurosa más, ejecutaban con firmeza y jocunda brillantez las variaciones para trío sobre el tema *Yo soy el sastre Kadakú*, de Beethoven, en funciones de violonchelo el clarinete de Justiniano. Ninguno de los tres recordaba las semanas de una blenorragia inspiradora de una vocación religiosa, aunque tales avatares quizá habían sucedido en el último verano. Para mí también quedaba lejos aquel último verano y, agraciado por la amnesia de los períodos dichosos, en aquellos días de un verano peculiar sólo la impaciencia por la llegada del crepúsculo ocupaba mis horas.

Curiosamente estudiaba sin que me distrajesen melancolías, ni proyectos. Es más, la segunda parte de la tarde, desde el término del recital hasta mi incorporación a la tertulia de las hilanderas, transcurría en la soledad del despacho con pasmosa rapidez. Apuraba hasta el final la página y, pasando antes por el cuarto de baño, con calculado retraso y ostentosa indiferencia entraba calmosamente en la sala de costura, hediendo a agua de colonia y con un peinado petrificado por el fijador.

Mientras en el cuarto de dibujo temía que en cualquier instante se desmoronase la estructura de cristal de las *Variaciones Kadakú*, o de un trío de Haydn o una balada de Brahms, no pensaba nunca, sin dejar de pensar en que ya faltaba menos, en la especie de música que aquel atardecer habría de animar la velada en la sala de costura. Apenas se utilizaba el gramófono, ni siquiera las tardes en que Justiniano faltaba a la tertulia. Incluso cuando asistía Justiniano, convertido casi desde su aparición en el gallo de la sala de costura, raramente daba ya la matraca solista con la flauta o con el clarinete. Era patente que las costureras preferían la conversación a la armonía y que a Justiniano, una vez conseguida su entronización, le resultaba más descansado el palique que la ejecución de estudios más admirados que gustados por la concurrencia. Lo cierto es que yo había dejado de interesarme por la ambientación musical de la conversación y por la misma conversación.

Sentado junto al balcón en la silla de campaña del tío Javier, únicamente prestaba atención al juego de las miradas y, aun así, con reservas, porque la experiencia me demostraba que equivocaba con demasiada frecuencia la cara fasta o nefasta de la suerte en la ruleta de los ojos de doña Adelita. Me abandonaba al azar de la última puesta, ya que la realidad acababa imponiendo, por causas imprevisibles, que doña Adelita fuese acompañada hasta el recibidor por la tía abuela y por Justiniano, o por la tía abuela, o por ninguno de los dos, permitiéndome entonces hacer de paje hasta el rellano de la escalera y, en noches excepcionales, hasta el rellano superior frente a la puerta de la casa de mi dama.

Cada vez más, por tanto, me había ido reduciendo a una presencia pasiva junto al balcón. Justiniano no sólo había acabado con mi monopolio masculino, sino que, las tardes en que se decidía escuchar algún disco, incluso era él quien manejaba el gramófono, sin que se le exigiesen los cuidados que a mí me exigía la tía abuela y, por supuesto, permitiéndole cambiar la aguja a su antojo. No obstante, agazapado a la espera de que un conjunto de ingobernables circunstancias premiasen mi mansedumbre, mi deseo ardía permanentemente en la atmósfera sofocante de la sala de costura, oreada por las intermitentes ráfagas de humedad que subían desde el jardín de Fausto, como abanicazos de optimismo.

¿Cuándo había rozado por primera vez con fingida torpeza un brazo de doña Adelita? ¿Cuánto había durado aquella pantomima de roces involuntarios durante el trayecto por el pasillo hasta el recibidor, a espaldas de la tía abuela Dominica? Recordaba con rabiosa precisión el primer gesto de consentimiento en el rostro maquillado, su primera mueca de lascivia incontrolada, mi osadía, revestida de buenos modales, la primera noche que la acompañé hasta su piso. Pero ¿desde cuándo duraban ya aquellos manoseos, en silencio, aquella risa contenida de doña Adelita, aquellos jadeos más asmáticos que lúbricos? No quería que terminasen, pero sentía el peso de la costumbre y la falta de progresos de mis enfurecidas manos. Había dejado de coger a puñados la carne cremosa y resbaladiza; parecía, cuando le acariciaba las corvas de las rodillas durante los dos tramos de escalera, que hubiesen vuelto las primitivas ocasiones de las caricias hipócritas. También en las alamedas de mis pasiones idealizadas, aquellos repetitivos encuentros perdían intensidad. Una noche, creyéndome más aceptado que de costumbre y, al levantar su falda, mis manos subiendo por sus muslos, recibí inesperadamente una bofetada.

—Pero tú ¿por quién me has tomado, jovencito?

—Por una puta, señora —contesté irreflexivamente.

Sin embargo, cuando echaba atrás la cabeza precaviéndome de una segunda bofetada, sus manos me sujetaron por las sienes y recibí el único contacto con aquella boca que recibiría a lo largo de nuestra arrinconada pasión, una succión pulposa y mojada, galvanizante. Todo continuaría igual al día siguiente y en los siguientes tiempos, salvo la frecuencia de aquellos abrazos, como colisiones, en la penumbra del pasillo o de la escalera, que aún se hicieron más esporádicos cuando, aprobadas las oposiciones patrióticas y oficializado el noviazgo, Justiniano no faltaba una sola tarde y los prometidos abandonaban juntos la tertulia, a veces con rumbo hacia algún cine del barrio, siempre chaperonados por la tía abuela Dominica.

Nunca se me ocurrió su posibilidad, ni jamás percibí el idilio, que estaba siendo concebido y empollado en las cálidas veladas durante las que yo creía ganar o perder mi apuesta, a tenor de las miradas de una doña Adelita que jugaba su apuesta principal a otro paño. ¿Cómo podría haberlo descubierto yo, si, conforme crecía en edad y gobierno, despreciaba más a Justiniano, olvidaba su presencia, me sentía superior al trío y a sus éxitos? Mi futuro, cuando en ello pensaba, aparecía como una masa de nubes violáceas y aturbonadas, pero, en comparación con el futuro de los tres recientes notarios, se abría en un azul resplandeciente. Y, efectivamente, mis pronósticos, basados en las inclemencias y los desengaños, pronto irían confirmando que sus vidas para siempre habrían de quedar resguardadas por las templanzas de la mediocridad.

Paulatinamente se iban produciendo transformaciones, cuyas causas yo no había advertido o cuyos efectos, al producirse, no me conmovían. Llegó un verano en que ya no viví en casa de la tía abuela. Antes, había transcurrido algún otro durante el que, en la casa sin música vaticinada por Balbina, las horas de la siesta eran ocupadas por los ataques epilépticos del tío Andrés o por la guardia (remunerada) ante la puerta del dormitorio del tío Tadeo y de la inminente tía Edurne, que se concedían anticipos de felicidad, o por clandestinas conversaciones con el tío Marcelino, retornado al hogar materno después de que la tía Cheles hubiese abandonado el conyugal y él se encontrase empapelado por un Tribunal de Honor. Cuando algún domingo de invierno recaía por allí y, sentado junto a la estufa eléctrica en la silla de campaña del tío Javier, escuchaba el soliloquio de la tía abuela Dominica, me asombraba, como a Balbina, haber vivido en aquella casa, haber experimentado en aquella casa los primeros encontronazos contra la música, pero, fundamentalmente, me asombraba guardar recuerdos de momentos dichosos allí vividos.

Justiniano, más dedicado a la administración de los bienes de Adelita que a la notaría, había regalado la flauta a Mucius Scaevola. A la tía abuela se le llenaba la boca de decenas de millar, pormenorizándome los acrecentamientos de la fortuna de su amiga, que en unos años la vería aumentada con la pensión de viudedad, en los tiempos en que ya había muerto también la tía abuela y la doble viuda, de vuelta al piso de su difunto Sergio, apenas mantenía relaciones con los desechos del naufragio que se mantenían en las ruinas del piso inferior. El tío Juan Gabriel sólo cambiaba de destino cuando quedaba vacante la notaría de un pueblo con río más truchero, y a cada traslado resucitaba su intensión de recuperar el piano del cuarto de dibujo del tío Honorio, donde permanecía cerrado con llave.

La tía abuela nunca perdonó a Mucius Scaevola que, al año de ejercicio notarial, pidiese la excedencia y, recuperando el barrio de los bulevares y la glorieta, en pocos meses ganase plaza en unas oposiciones a taquimecanógrafo de un Ministerio. Poco podía yo informar a la tía abuela, cuando me preguntaba por él, porque apenas le veía, aunque siempre en los bares de antaño. La tía abuela cerraba los ojos y parecía rezar un responso. Mucho después, cuando ya tenía yo los años que ellos habían tenido en la época de *La ritirata de Madrid*, volví a tratar con alguna frecuencia a Mucius Scaevola, incluso asistí a sesiones de música de cámara en su viejo piso familiar, llevadas a cabo por unos cuartetos o quintetos de variable ralea y de constante sordidez. Ya sabía entonces probablemente que no habría futuro radiante para mí y la nostalgia de la miseria me empujaba hacia atrás, me impulsaba a atravesar en sentido inverso la sucia niebla de mi adolescencia hacia las mañanas gloriosas de una guerra engañosamente acabada, en la que año tras año yo venía siendo derrotado.

Para corresponder, le invitaba a conciertos, de los que Mucius Scaevola se salía antes de que terminase la primera parte. Cuando le recogía en alguna de las tabernas próximas a la plaza de la Ópera, regresábamos callejeando y, apoyado en mi brazo, no era raro que el coñac le pusiese rememorativo, casi locuaz para sus hábitos de silencio. Por lo general, contaba, basada en los mismos hechos que yo recordaba, otra historia, o acontecimientos de los que nunca había tenido yo noticia. No era fácil hacerle hablar de música, quizá porque tenía poco que decir. A cambio, del tío Juan Gabriel y de Justiniano hablaba constantemente y como de dos seres superiores con los que la Fortuna le había concedido compartir los años de juventud.

De pronto, en la barra de un bar se volvía a acordar de la noche en que él había descubierto a qué golfo italiano me refería yo.

—Estábamos los cuatro, en la barra, como tú y yo estamos ahora. Y a mí, sin venir a cuento, me vino la inspiración y pegué un grito: ¡Coño, Vivaldi! ¿Te acuerdas?

—Sí, Mucius, me acuerdo muy bien.

Estábamos en círculo frente a la barra, debatiendo ellos tres, con las dificultades discursivas de aquella hora tardía, si era sensato que el chico participase de la ronda o se aplazase mi copa hasta la siguiente, preocupado el chico por no olvidar mi *Salustio Alvarado* y su *Castán* en la hornacina donde los había colocado. Bruscamente, Mucius Scaevola se golpeó la frente y gritó:

—¡Ya está!

—¿Qué coño está?

—Coño, Vivaldi. El chico tenía razón.

—Pero Vivaldi no fue un golfo, coño, sino un sacerdote.

—Y ¿quieres decirme qué coño de Vivaldi hemos tocado nosotros?

—Yo, yo lo toqué, haciendo éste al piano la voz femenina, que quedó como de perra parturienta, tiene razón el chico.

—Pero ¿cómo se llama la obra, Mucius?

—Y entonces yo te contesté: Se llama *La pastorella sul primo albore*, tenías razón. O sea, que aún te acuerdas, ¿no?

—Claro que sí, Mucius, ¿cómo no voy a acordarme?

Luego, era ya noche cerrada cuando, después de depositar a Mucius Scaevola en el ascensor, regresaba yo por las calles vacías y nada recordaba del concierto que aquella tarde había escuchado. No en balde, en los inicios de una vida infinita, había sido yo iniciado en los arcanos de la belleza por un trío de colosos irrepetible, como mi vida misma.

Carne de chocolate

Como tenía todo el día para pensar —y pensar me adormilaba—, luego, por las noches, dormía como un muerto, sin sueños. Pero algunas madrugadas me despertaban las sirenas y el ruido de los aviones, porque aquella parte de la ciudad, a diferencia del barrio de los abuelos, no había sido declarada zona libre de bombardeos. Oyese o no el estallido de las bombas, los cañonazos, el fragor de los derrumbamientos, algún apagado clamor de voces aterrorizadas, tenía que continuar a obscuras, sin poder recurrir a las novelas de Elena Fortún o de Salgari (las de Verne, a causa de su encuadernación, no me habían permitido sacarlas de casa de los abuelos), sin poder jugar una partida de damas contra mí mismo, sin la posibilidad siquiera de aburrirme con la baraja haciendo solitarios o rascacielos de dólmenes. Cuando no resistía más, me tiraba de la cama y escrutaba las tinieblas del cielo y del patio. Entonces, durante aquellas ocasiones en que me negaba tan eficazmente al miedo que llegaba a olvidarlo, me refugiaba en los recuerdos y pronto, aunque cada vez más despierto, era como si estuviese soñando. Veía a Concha, sus brazos, sus hombros, sus piernas y su rostro, tostados al sol de la terraza desde el principio de aquel verano que ya acababa y que, según repetían los tíos y la tía abuela Dominica, iba a ser el último de la guerra.

En realidad no recordaba el cuerpo verdadero de la Concha, sino aquel cuerpo —tan idéntico y tan distinto— con el que había soñado una de las primeras noches en casa de la tía abuela, cuando aún la costumbre de la nueva casa no había aplacado la tristeza del traslado. Tampoco me despertaban en realidad los motores de los aviones y el ulular de las sirenas, sino el ajetreo de la familia, que, sobresaltadamente puesta en pie por la alarma, se preparaba a bajar al sótano como si se preparase a partir de veraneo para San Sebastián. Chocaban unos contra otros por los pasillos, se gritaban órdenes, consejos, recriminaciones, olvidaban los termos o las cantimploras, regresaban, se descubrían descalzos de un pie, se enmarañaban en una discusión inútil (que habría bastado para despertarme) tras la puerta de mi habitación sobre si dejarme allí o bajarme al sótano, ajetreo al que solía poner fin la caída de la primera bomba y al que sobrevenía un silencio repentino, demasiado brusco y demasiado profundo.

Todavía en la cama, con la misma celeridad con que la tía abuela Dominica agarraba el rosario, recreaba yo el color de Concha en aquel verano —en aquel sueño—, la carne dorada, paulatinamente bronceada, casi negra, que la convertía en una carne asfixiantemente acariciable, lengüeteable, comestible. De inmediato comenzaba a sudar y, aun a riesgo de dejar las sábanas pringosas de pomada, me quitaba el pijama y me dejaba estar, sintiéndome la piel aceitosa, húmeda y como si por los poros emanase vapor, hasta que la excitación y la picazón me arrojaban de la cama y, asomado al ventanuco que daba al jardín de Fausto, conseguía atemperar aquella viscosidad lacerante, que me procovaba el cuerpo soñado de Concha, con imágenes, generalmente abstractas, de parapetos cubiertos de nieve, de caricias rasposas, de sabor a pan. A veces, si el sueño acababa con mis sueños, me quedaba dormido nada más volver a la cama, antes de que el bombardeo hubiese terminado y de que la familia, presa de la agitación que les causaba haber salido indemnes de las bombas de los suyos, regresara del sótano.

Había comenzado a sentir los picores durante aquel anochecer en que Tano me descubrió que el color rojizo de la piel de la Concha, que me intrigaba y me subyugaba desde hacía días, era debido a que la Concha tomaba el sol por las mañanas en la terraza. Estábamos los dos solos, sentados en el bordillo de la acera, alargando culpablemente como tantas otras noches el momento de volver a casa, apenas sin hablar, derrengados, obstinados en seguir en las tinieblas de la calle únicamente por demostrarnos que éramos más hombres que el resto de los chicos del barrio, deseando secretamente que apareciese Luisa a hostigarnos a capones y tirones de oreja. Que no se me hubiese ocurrido que la Concha subía a la terraza a tomar el sol me hizo sentirme muy tonto, experimenté una desoladora inseguridad, que aún subsistía después de que Tano y yo planeásemos sorprenderla. Aquella noche empezaron a picarme las manos, pero, con una difusa sensación de pecado, decidí no decir nada a Luisa, ni al abuelo, ni a mi padre, ni siquiera a Riánsares o a la abuela, a quien todo se le podía y se le debía contar. La intensidad de los picores fue aumentando durante los siguiente días, intolerable a ratos, incluso durante los preparativos de la emboscada, que fueron arduos y, sobre todo, trabajo perdido.

Lo primero que se nos ocurrió, al encontrar

cerrada la puerta de la terraza, fue violentar la cerradura con nuestras navajas. A pesar del sigilo con el que creíamos actuar, la voz de la Concha preguntó a gritos quién andaba allí y Tano y yo escapamos escalera abajo. Reconsideramos la situación, sentados en el alcorque de una acacia, y decidimos que había sido una estupidez tratar de sorprender a la Concha frontalmente y a la descubierta. Habríamos durado, de conseguir forzar la cerradura, un minuto en la azotea, porque, siendo la Concha unos seis años mayor que nosotros y, aunque no nos lo confesásemos, más fuerte, nos habría expulsado con un par de bofetones.

—La podremos sujetar entre los dos —vaticinó Tano, resucitando una vieja aspiración que hasta entonces la Concha siempre había frustrado.

—Y ¿qué?, y después ¿qué?

—A lo mejor la cogemos en uno de esos pasmos en que se queda quieta, como tonta, y se deja —pero ni siquiera a Tano le duró aquella esperanza absurda—. Lo fetén va a ser escondernos detrás de las chimeneas de la terraza antes de que ella suba, esperar a que se duerma tomando el sol y luego, callando callando, salimos, nos tumbamos cada uno a cada lado suyo y la acariciamos suave. Seguro que eso a ella le gusta y se hace la dormida.

—Y ¿si está desnuda?

—¿La Concha? Deja de rascarte.

—Sí, leches, la Concha. Si toma el sol desnuda, es imposible que se haga la dormida cuando la despertemos.

—Tú ¿qué sabes?

—Me apuesto el tirachinas a que toma el sol desnuda. Por eso echa la llave a la puerta de la azotea. La Concha es muy puta.

—Deja de rascarte, coño, que me pones a rabiar de picor. ¿Qué sabes tú, panoli, si se va a negar porque esté en pelotas? Mejor que esté en pelotas, mejor para nosotros y para ella.

—Peor, porque la Concha es virgo. Y una virgo sólo se deja por debajo de la ropa.

Hasta dos o tres días más tarde no conseguimos Tano y yo escabullirnos antes del desayuno, sin calcular que el tiempo se nos haría eterno, que el calor, arrancando vaho de los baldosines rojos, nos resecaría, nos produciría vértigos cuando, hartos de permanecer acurrucados detrás de una chimenea, nos asomásemos a la calle de bruces sobre el pretil. Aquella mañana Tano ya ni me regañaba por rascarme, se rascaba también él, y mi piel, que despedía un fuego interior que se juntaba al fuego del sol, estaba ya decididamente encendida y pustulosa.

Habíamos percibido, de repente, que la Concha llegaba y nos ocultamos rígidos, ahogados por nuestras respiraciones contenidas, con los ojos cerrados por hacer todavía menos ruido. Para impedirnos el uno al otro asomar antes de tiempo la cabeza, ambos nos teníamos sujetos por el cuello. Sabía que llegaría el instante de mirar y veía ya, entrecruzadas y absurdas, imágenes vertiginosas del cuerpo de la Concha, contorsionado, mutilado, la Concha de rodillas o, como el Coloso de Rodas, de pie y con las piernas separadas, sujetándose con las manos una pamela contra el viento, la Concha vestida de monja y guiñándome un ojo alegremente.

Semanas más tarde, viviendo ya en casa de la tía abuela Dominica, cuando escapaba de mi habitación corriendo como un apestado (y ya por entonces me había hecho a la idea de serlo), entraba en el cuarto de baño pequeño y me ponía a orinar, de repente y durante unos segundos curiosamente largos y enajenantes, sintiéndome observado, creía ser yo la Concha al tiempo que otro yo mío me acechaba. La transformación se deshacía también repentinamente, al recordar que era el tío Juan Gabriel quien me miraba desde la bañera vacía donde pasaba la mayor parte de sus días, la cabeza apoyada en un almohadón de terciopelo granate, con el *Castán* y el Código Civil sobre la tabla de la plancha que le servía de mesa. Pero cuando después de abotonarme la bragueta y de recibir una pálida sonrisa del yacente, volvía corriendo por los pasillos a encerrarme en mi habitación, llevaba conmigo aún fresca —y la conservaba esforzándome en que no se marchitase— aquella curiosa sensación de ser yo la Concha y de que perteneciese a la Concha el miembro que crecía mientras orinaba.

Años más tarde, cuando el tío Juan Gabriel ganase en unas oposiciones patrióticas su naturaleza de notario, ya no me sería posible reconstruir con lozanía aquella sensación de ambigüedad perfecta, quizá porque ya para entonces, en los primeros años de la paz, serían otros los recuerdos de la niñez que me cuidaría de atesorar o de olvidar. Y así, poco a poco, la Concha iría dejando de ser yo, de tener miembro, de ser incluso la propia Concha (para entonces ya había comenzado a lanzarse a la noche, cuando terminaba de despachar en la farmacia del Licenciado Grosso López), y comenzaba a mezclarse en mi recuerdo con el de las fotografías, más adivinadas que entrevistas, de los semanarios (*Crónica*, por ejemplo) que el tío Juan Gabriel compatibilizaba con su biblioteca jurídica de la bañera. Había recuperado a mi madre, volvía a estar encerrado (ahora, en un internado de frailes), la abuela había muerto y había muerto Luisa, vivíamos con el abuelo en la casa reconstruida de Argüelles, Balbina me iniciaba perezosa y barroca, ya no me negaba a mí mismo que odiaba a la tía abuela Dominica y a los tíos, empezaba a tener conciencia de habitar un país imperial y de haber perdido, aunque todavía ignoraba que irremisiblemente, la infancia y la guerra. Era difícil sentirse la Concha cuando estaba aprendiendo que, ocultándome a los otros, los otros acababan por descubrirme siempre y que el medio más rentable de conseguir la indiferencia del prójimo (de conseguir ser misterioso e invulnerable) consistía en mostrarse, probablemente porque nadie cree en nadie (y más en aquellos años de la postguerra) al no encontrarse nadie habituado a creerse a sí mismo.

Pero los artificios de la verdad, los juegos de la apariencia y la doma del carácter eran algo desconocido para mí aquella mañana de la terraza, mientras Tano me agarrotaba el cuello y yo agarrotaba a Tano por el cuello, acurrucados tras la chimenea, ansiosos y precavidos mirones en trance de flanquear el cuerpo desnudísimo de Concha, de ser abrazados simultáneamente por ella. Por lo pronto, fue Tano quien, con una violencia inusitada y después de que yo descubriese que había estado observando mi mano libre mientras le suponía cegado por la visión que nos esperaba, se escapó de mi zarpa y, en un susurro que me sonó retumbante, ordenó:

—No me toques. Apártate.

—Ven aquí —me diría aquella misma tarde la abuela, cuando yo había dejado ya en su mesita junto al mirador la taza de té—. Vuelve y enséñame esas manos.

—No es nada, abuela —traté de zafarme—. Que me ha picado una chinche.

—Obedece —dijo, como siempre lo decía, canturreándolo—. ¿De qué tienes miedo?

—Si son sólo unos habones que me he rascado... De chinche o de una pulga...

—Déjame que vea yo.

—Se te va a enfriar el té.

Sonrió, cómplice y guasona, acarició el dorso de mis manos y fue separándome los dedos, observando calmosamente la piel que los unía, esforzándose en mantener la sonrisa. Llamó al abuelo.

—Tiene que picarte mucho, ¿verdad? No tengas miedo, porque esto se cura. Habría sido mejor que me lo hubieses dicho... —se interrumpió, al entrar el abuelo—. Doctor, aquí tienes un caso que no parece difícil diagnosticar.

Mis manos pasaron a las suyas, que por aquellos años aún no temblaban, se caló los anteojos de leer el periódico y el devocionario, se inclinó, en seguida se irguió y dejó caer mis manos.

—¡Vaya por Dios...! Indudablemente es sarna.

Él había dicho la palabra, que la abuela había eludido, y aquella tarde ya no me dejaron bajar a la calle. Se reunieron todos en la sala. Hablaban en voz baja. Mi padre afirmó que no le extrañaba el sarnazo, pasándome el día entre golfos, milicianas y pioneros. Telefonearon varias veces. A Tano, naturalmente, no le dejaron entrar y Luisa me rehuía. Riánsares, mientras fregaba los platos de la cena, me secreteó que la tía abuela Dominica no se decidía a tenerme en su casa, no por temor al contagio, sino por los malos ejemplos que podría yo recibir de mis tíos. La abuela se quedó junto a mi cama hasta que me dormí, dándome conversación.

Al día siguiente, sentados en el mirador, la abuela me explicó las determinaciones adoptadas por la familia. La higiene resultaba esencial y en casa de la tía abuela Dominica había dos cuartos de baño. Lo más molesto sería el aislamiento riguroso en que habría de vivir. A la pomada me acostumbraría pronto (nunca me acostumbré a tener el cuerpo embadurnado de pringue) y ella y el abuelo me visitarían a diario (a los pocos días a ella se lo prohibirían, alegando que sus cuidados exacerbaban mi sensibilidad). Lo importante ahora, a su juicio, consistía en elegir cuidadosamente un equipaje de distracciones, y el tiempo se me pasaría sin sentir. Mi padre excluyó las obras de Verne, a causa de su lujosa encuadernación, y la abuela subrepticiamente añadió a la impedimenta lúdica el tren eléctrico (no habría un solo enchufe en mi prisión) y sus dos tomos en piel de las *Memorias* de Rousseau (que leería íntegras y sin apenas provecho). Alegué que perdería mis clases, pero rearguyó que doña Juanita necesitaba unas vacaciones. Le pedí crudamente que me dejase seguir en su casa, que yo me bañaría en un barreño, que no tocaría nada ni a nadie, que prometía no salir del cuarto ropero. Se echó a reír, como si en aquellos momentos no le costase.

—Yo sé por qué no quieres irte. Por Tano. Pero a los dos os vendrá bien una temporada sin veros. Últimamente, reconócelo, peleáis más de la cuenta.

No era por Tano, sino por la insensata certidumbre de que no regresaría nunca a casa de los abuelos y, a la vez, de que la Concha iba a consentirnos compartir con ella sus baños de sol. Unos meses después, cuando regresé y ya casi había olvidado las semanas de la sarna (aunque todavía me despertaba a mitad de la noche rascándome), supe que Tano sí había sido admitido a compartir los baños de sol en la terraza, que allí y durante aquel verano la Concha y él fueron novios. En mi encierro nunca lo había imaginado, por lo que, desde que lo supe, como si estuviese encerrado de nuevo, sufrí unos celos retrospectivos e impotentes.

Los primeros días en casa de la tía Dominica me bañaba Balbina en olor de multitud. Luego, fue decreciendo el número de parientes que, a la mañana y a la tarde, asistían al espectáculo. El abuelo espació sus visitas. Sólo Balbina (nuestra criada de toda la vida, prestada durante los años de la guerra a la tía abuela y que, cuando Riánsares se casó, recuperaríamos sobada y enviciada por la caterva de mis tíos solteros) me secaba después del baño, me untaba la pomada y rociaba la bañera de alcohol, que luego prendía, provocando un fuego azul y casi invisible, mientras me vestía yo un pijama limpio y ella se llevaba a cocer en una olla el usado. Media hora después de estas abluciones y ungüentos, el tío Juan Gabriel se reintegraba (salvo que se distrajese tocando el piano) a aquella bañera, único rincón de la casa donde, según él, era capaz de estudiar, ya que era el único rincón, de acuerdo con las trayectorias y derivadas que había calculado, donde nunca podría caer una bomba, ni un obús. Pero el cálculo más exacto y lucrativo que realizó el tío Juan Gabriel fue pasarse, en enero del 39 y por las alcantarillas, a las trincheras de los facciosos en la Universitaria. Cuando entró en marzo con las tropas vencedoras, el tío Juan Gabriel hablaba de la guerra como si en vez de en la bañera la hubiese vivido íntegra en el frente y, con los años, había parientes que afirmaban que Juan Gabriel se pasó a Salamanca por Portugal en la primera semana de la Cruzada.

El recuerdo de aquel cuerpo en la bañera iba unido al indeleble, aunque ajado, de mis misteriosas transformaciones en la Concha, en las tres o cuatro ocasiones diarias en que se me permitía salir del cuarto de los trastos. La soledad, multiplicada por la ausencia de la abuela, reavivó el recuerdo de mi madre, a quien la sublevación había sorprendido en *el otro lado* y a quien, por una sencilla pero firme asociación mental, a veces creía oír al otro lado de la puerta. Cuando, cansado de leer o de jugar, ensordecido de silencio, intemporalizado y afantasmado por la soledad, pegaba el oído a la puerta o trepaba hasta el montante (a través de cuyo vidrio fijo divisaba un recodo del pasillo), creía escuchar entre las voces la de mi madre o (lo que me espeluznaba más) su respiración.

Y probablemente la respiración era real al

otro lado de la puerta durante algunos bombardeos, cuando yo creía estar solo en el enorme piso de la tía abuela Dominica, porque, según me contaron mucho después (y entonces no podía ya dejar de odiarla), tía Dominica no bajaba al sótano con mis tíos y, en silencio para no asustarme, se quedaba de guardia junto a mi puerta hasta que la sirena proclamaba que había pasado la alarma. Sin embargo, a diferencia de los celos, me fue imposible sentir retrospectivamente el sosiego y la gratitud que habría sentido durante aquellas noches de haber sabido a la tía abuela tan cerca de mí.

Aquel régimen de vida, agravado por la escasez de alimentos, propiciaba las alucinaciones diáfanas y tortuosas, en las que siempre cuidaba de separar —angustiosamente— de la Concha, de Balbina, de Riánsares, de las niñas del barrio, de las milicianas de nalgas ceñidas por el mono, las apariciones de mi madre, por lo general vestida de enfermera de la Cruz Roja. Algunas noches (quizá porque la tarde anterior no había merendado o porque había cenado sólo un trocito de pan y un plato de cáscaras fritas de patata) agradecía que la sirena, disipando las imágenes flotantes, me restituyese al mundo real, el mundo donde en cualquier instante podía llegar mi muerte o la de otros habitantes de la casa, pero no la de mi madre.

A cambio, si Balbina me había traído un plato de garbanzos o el gramófono de bocina para que durante un rato (y sin acercarme a él) escuchase las placas que a ella le gustaban (el coro de las segadoras de *La rosa del azafrán*, Gardel, Angelillo), era casi seguro que durante el bombardeo soñaría que el tiempo pasaba de prisa, que la piel no me escocía, que la Concha se doraba al sol, que su carne ya había adquirido consistencia, el aroma y el sabor del chocolate. No obstante, también otras veces la Concha adoptaba en mi ensoñación la fijeza de la gelidez, la pesadumbre de las horas iguales, el temor de oír la propia voz. Por la mañana comprendía que había soñado despierto, aun sin verla, con la Concha en la terraza mientras la acechábamos Tano y yo tras una chimenea, y paulatinamente recuperaba el gusto de lo prohibido, el placer de haberla visto brotar relampagueante y absolutamente desnuda.

—No me toques. Apártate —había susurrado Tano, cuando se le ocurrió viendo mi piel que yo tenía una enfermedad infecciosa.

Chisté sordamente para que callase, pero también me desprendí bruscamente de su mano y, como si al dejar ambos de cogernos por el cuello hubiera llegado el instante oportuno, ambos fuimos rodeando las paredes de la chimenea y asomándonos con una lentitud aprendida en las películas. Y allí estaba, insólita, tendida sobre una toalla y con las piernas separadas en un ángulo que nos permitió a Tano y a mí adorar el primer sexo femenino de nuestras vidas. Nos quedamos quietos, desorbitados, sonriendo inconscientemente quizá, tensos. Los pechos se le derramaban hacia los costados y bajo la luz también desnuda su cuerpo tenía el color rojizo de los baldosines, como si fuese impregnándose de barro. Tano, imprevisiblemente, por una de aquellas irreprimibles necesidades de comportarse excéntricamente que le acometían, silbó y Concha, de golpe, levantó los hombros y se quedó apoyada sobre los codos, los pechos recobrando elásticamente su volumen, una mueca de estupor en los labios.

—No vamos a tocarte —dijo Tano—. Estáte quieta. Tranquila, Concha, que va a ser muy divertido —y Tano comenzó a sacarse la camisa por la cabeza.

Tanto creí que ella consentiría que hasta compuse mentalmente los movimientos con que me iba a desnudar de inmediato. Pero Concha se levantó y, al tiempo, como en un número de circo, se envolvió en la toalla. Nos miró. Tano detuvo las manos en la hebilla del cinturón. Algo incomprensible en la actitud de la Concha, algo que rebasaba su agresiva impasibilidad, nos obligó a movernos (¿quién de los dos primero?) en dirección a la puerta, a girar la llave, a bajar mansamente los escalones (Tano, poniéndose de nuevo la camisa), a separarnos en la calle sin haber pronunciado una sola palabra. Y aquella misma tarde entré en el lazareto.

Transcurrían las semanas al ritmo de los obuses y de las bombas, y alguna noche, asomado al ventanuco del cuarto de los trastos, ignorando que al otro lado de la puerta velaba la tía abuela Dominica, desnudo y embadurnado de pomada, sudoroso, calculando a qué distancia se habría producido la última explosión, creía factible (y olvidaba que aquella casa terminaba en un tejado) subir a la terraza a que mi madre me untase la pomada, o que la Concha entrara por el montante dispuesta a que le mordiese yo sus hombros redondos, repletos y duros, compactos como el chocolate de antes de la guerra.

Confundía la disposición de una casa y de otra. Confundía la lujuria y el hambre, cuyos jugos se mezclaban en mi saliva. Confundía el sueño y la vigilia, mi piel sarnosa con mi alma. Un deseo se transformaba en un recuerdo y me deslizaba, caía en una lúcida irrealidad, me desconocía. Resultó ser, efectivamente, el último verano de la guerra, pero de aquellas semanas conmigo mismo me quedó una cronología de características peculiares, irreducible. Y así, durante muchos años después, instintivamente confundiría los tiempos y los rostros, establecería verdades contradictorias, trastrocaría el orden de los acontecimientos. Acaso ¿no murió la abuela antes de que yo tuviese la sarna?; ¿no había regresado mi madre mientras el tío Juan Gabriel permanecía todavía en la bañera?; ¿no fue la propia Concha quien me mostró en la terraza el vello de su pubis, recién teñido de rubio?; la guerra aquella ¿no había transcurrido cuando yo apenas tenía dos o tres años y fue leyendo a Rousseau, mucho después, que la imaginé?; ¿quién la había ganado, si es que alguien la ganó?

También había momentos en que todo parecía haber sido real, aunque entonces todo resultaba más incomprensible. Y en mi celda del internado las noches en que sólo habíamos cenado puré de almortas y una naranja agria soñaba con parapetos cubiertos de nieve, con una caricia rasposa, con un viscoso chorro de chocolate. Sin despertar, mientras seguía soñando, sabía que eran los chicos del barrio recibiéndome a pedradas cuando regresé a casa de los abuelos a comienzos del otoño, que era Tano contándome sus proezas, Riánsares friendo un huevo para mí solo, la abuela reteniéndome contra su pecho (contenta de hacer por una vez lo que no se debía), la Concha balanceando la lechera y dejándose besar para demostrar que yo no le daba asco.

Despertándome ya, pero aún en la duermevela, era evidente que la guerra no había terminado (que jamás terminaría) y el júbilo de descubrir que sería eterna me adormilaba más. De nuevo volvía el tiempo de la confusión, de las certidumbres, de las emboscadas, de no saber que yo no sabía nada, el tiempo de la vida. Una brisa acariciaba mi piel, aspiraba el fuego azul del alcohol lamiendo la loza blanca y, convencido de que yo había muerto de tifus en una trinchera del frente de Madrid, apuraba la felicidad de haber existido alguna vez y en algún lugar.

El cielo palurdo o mística y ascética

Para quienes iniciábamos la segunda enseñanza al iniciarse la cuarta década del siglo, las diferencias entre la orden ignaciana y la orden calasancia eran todas. Algunos habíamos coronado nuestro parvulario en la escuela de la calle, en las atrincheradas y parapetadas calles de la zona roja. Se trataba ahora, en los albores de la cuarentena franquista, de apartarnos de los caminos de la vida y de inculcarnos los hábitos y los manejos de la ciencia de la ignorancia. A los más pobres de los díscolos se nos destinó entre los variados ergástulos de la época a algún internado de los que regentaban los Padres escolapios.

Pronto aprendimos allí todo lo que no se debe y todo lo que, gracias a la persistencia de las ideas toscas, ya no se puede rectificar. Nos formaron el carácter. El convulso y misterioso mundo de hijos de Pasionaria fue sustituido por el simplón universo de los hijos de María. Sábado tras sábado, durante lóbregos crepúsculos y en una iglesia helada, se nos adoctrinaba para la eternidad. La cosa, aparte su malevolencia, no ofrecía mayores posibilidades. Nadie creía nada de lo que estaba oyendo entre escalofríos y bostezos, pero, aun con semejante disposición de espíritu, era difícil sustraerse a imágenes como la del pájaro picoteando el planeta Júpiter hasta horadarlo (medida equivalente a la de una jornada en el infierno) o a incitantes historietas en el estilo del joven puro (expuro) aplastado por un andamio a las mismas puertas del burdel.

Sabíamos, resignados, que era preciso ganarse la medalla con cinta azul de hijos de la Purísima para aprobar las matemáticas. Aquella pasividad sobre los bancos del templo, con trenos jeremíacos como música de fondo, permitía compadecerse de las actuales indigencias o recrearse en los viejos recuerdos de la muy reciente infancia. El tiempo no pasaba y se tenía la impresión de que, cuando acabase el curso, cumpliríamos treinta años. Sufríamos tristezas anonadantes, de esas que hacen más alegres los días lluviosos que los soleados. Sólo protestábamos si la prédica corría a cargo del Padre Matallanas, porque, así tuviese que embelesarnos con los gozos de la Virgen, el Padre Matallanas se las arreglaba para introducir en el sermón la agonía de Voltaire.

—Padre —le instaba en momento propicio alguno de los mayores—, que lo de la agonía de esa bestia inmunda de Voltaire ya lo hemos oído cuatro veces en lo que va de curso y, luego, a los pequeños les sienta mal la cena. Esas cosas, Padre, no se cuentan en los colegios de jesuitas.

Quien no haya oído relatar al Padre Matallanas la agonía de Voltaire no conoce lo que es repugnancia. Uno acababa cogiéndole asco al propio Voltaire. Sin embargo, el Padre Matallanas persistía en acumular pus, visto el incremento de confesiones espontáneas que producía la agonía de Voltaire.

—Sáltese usted por lo menos cuando se abrió las entrañas a cuchilladas y, con los intestinos en las manos, se los mordía intentando aliviar el atroz escozor de las hirvientes vermes de su incurable sífilis, mientras por su hedionda boca expulsaba a cada eructo una pareja de babosos sapos. Que eso, de verdad, Padre Mata, no lo cuentan ni siquiera los maristas.

—Pues no puedo saltármelo, porque así ocurrió.

Con el Padre Matallanas el supremo argumento de la comparación con la otra orden resultaba contraproducente. A la próxima volvía a revolcar al filósofo en sus heces y, en consideración a las críticas recibidas, añadía:

—Y no añado más detalles de la infinita agonía de aquel malvado, para que no se diga que me ensaño en la palabra ascética. ¡Ascética, sí!, propia de las almas rudas y sinceras, a las que el Señor ha tenido a bien negarnos la palabra meliflua de esos místicos de Chamartín de la Rosa.

Todos éramos conscientes de que haber caído en el campo de la ascética comportaba más inconvenientes que ventajas. Una de las ventajas era que en los escolapios no había que usar pijama. Ni meditar. Se decía que los jesuitas habían logrado técnicas de meditación tan perfectas que el meditante llegaba a tener fe y, lo que parecía ser peor, que en su ensimismamiento meditativo se quemaba las carnes en las llamas del infierno. Aún faltaban algunos siglos para que Roland Barthes desarmase el juguete, jorobando el invento. Por entonces se pasaba el suficiente hambre para que a nadie se le ocurriese desmitificar la meditación.

Otro privilegio, y quizá el más apreciado por la grey escolar, concernía a las prácticas higiénicas. Según contaban, en los internados de los jesuitas, incluso en las más crudas mañanas del invierno, había que lavarse a diario. Tampoco era de recibo en los establecimientos de la Compañía, según voz común, arrearle a un cura cuando el cura le estaba arreando a uno. Los incidentes de legítima defensa en nuestro internado se resolvían con una excomunión *latae sententiae*, que durante unas horas convertía en héroe al excomulgado, y, previos los consabidos actos de bajeza, con el levantamiento de la censura por el Padre Rector o por el Padre Prefecto por delegación del Padre Rector. El resto eran desventajas.

La gente de la Compañía, tanto opresores como oprimidos, resultaba tan distinta a las gentes escolapias como los contrarios en las doctrinas peripatéticas. No era de extrañar, porque para ingresar en la orden de San José no se exigía mayor requisito que el de saber arar o, al menos, haber arado alguna vez, mientras que el ingreso en la orden de San Ignacio presuponía inexcusablemente sangre noble. Durante los recreos, tumbados en el cemento de los frontones o en la tierra del raquítico parque, nos asaltaba la duda de si estarían haciendo de nosotros hombres auténticos.

Una inconfesada y obsesiva diferenciación infectaba nuestras actividades, nuestra propia estima. Naturalmente, en los colegios de jesuitas no comían cinco veces por semana patatas al ajo arriero, no cenaban todas las noches puré de San

Antonio, ni los alumnos estaban obligados a llevar mandil. Los días de salida acudían a recogerlos en automóviles, algunos con chófer (que ellos llamaban mecánico), tenían enfermería, cine, gimnasio, biblioteca, sala de dibujo y sala de música. Así es que, efectivamente, no sólo les enseñaban como es debido a creer en Dios, sino que conseguían que creyesen.

Por el contrario, ¿quién habría sido capaz de hacer verosímil la existencia de un Ser Supremo dentro de una comunidad que contaba entre sus miembros a ejemplares como el Padre Matallanas o como Domingo Pedregoso?

—A ti, con ese apellido tuyo, Mingo, no te admitían los jesuitas ni aunque tu padre les diese todo lo que gana con el estraperlo.

Hacia el final del bachillerato Pedregoso carecía de energías para pegarse. Era ya un muchacho destruido por una colectividad, que no toleraba ni su riqueza, ni sus tendencias, que le había convertido en la antítesis modélica de un alumno de los jesuitas. Con gusto cedían su huevo frito los novatos, cuando los veteranos les explicaban quién era en aquel colegio el padre de los huevos fritos. Pero no se lo creían y había que llevarlos al huerto, como a Santo Tomás, esconderlos en las cercanías de los gallineros y esperar la subrepticia llegada de Pedregoso. La verdad es que las gallinas se le quedaban estranguladas al crápula de Domingo Pedregoso, que, además de sujetar firme al animal, tenía que acallar sus espamos y cacareos. Y encima, si no escapaba raudo, recibía, después de haber gozado, una paliza de los mirones. Lo cual probaba fehacientemente que en este valle de lágrimas todo goce trae aparejado un dolor.

Los intelectuales padecían el suplemento de una desconfianza tenaz. A pesar de jugar mejor, a un intelectual no se le podía alinear de delantero centro, de portero o de medio centro; se les relegaba a las tareas lacayunas de medio ala o a los trotes de extremo izquierdo. Que un intelectual se quedase sin vacaciones no escandalizaba. Se llegaba a sospechar, sin razón alguna, que los intelectuales no sc masturbaban. Constituían, desde la perspectiva del común, una especie de tipos rencorosos y petulantes, que se creían con cualidades suficientes para haber sido alumnos de los jesuitas.

Se entendía por intelectual a todo aquel que se dejaba enseñar latín. En general a todo aquel que, antes del mes de mayo, denotaba algún interés por cualquier asignatura. No era pequeño riesgo, porque se podía confundir fácilmente a un intelectual con uno que estudiase, y la afición al estudio se conceptuaba, también por nuestros maestros, como síntoma de mariconería. Verdaderamente, una vez acabada la adolescencia, la experiencia no aporta nada nuevo.

Poco antes de las vacaciones pascuales del año de la reválida, el Padre Enrique descubrió bajo mi ejemplar de *Historia de la literatura universal*, de don Rogerio Sánchez, un ejemplar de la *Vie de Jésus*, de Renan. Simultáneamente, el Padre Matallanas, desconfiando de la opinión general y de los decretos tridentinos, comprobó en el gallinero que ciertas inclinaciones son inmunes a la gracia. Había descubierto con espanto que el silencio de las últimas noches era debido a la mansedumbre —diré más, a la complacencia— con la que el ave recibía los empellones de Domingo.

Únicos alumnos sancionados, durante aquella interminable y santa semana nos vimos forzados a una amistad que nunca habíamos tenido. El caserón nos pertenecía, más inmenso por vacío, como las horas de aquellas jornadas sin ninguna obligación, tan tediosas que a veces asistíamos voluntariamente a los fúnebres oficios por entretenernos. En aquellos días, que por su silencio parecían días de ejercicios espirituales y fueron de diálogo materialista, brotaron los más apetitosos frutos de mi educación sentimental.

De mí probablemente recibió poco Domingo Pedregoso. De mi vocación por la hagiografía, que años después habría de conducirme a adherir la doctrina del realismo mágico en literatura, logré extraer algún consejo práctico. Así, le recordaba a Dominguito la ocasión en que el Santo Fundador de nuestra orden escolapia, el Padre José de Calasanz, fue apresado en la ciudad de Roma y conducido por sicarios a prisión. Nada tuvo que hacer tan puro varón para verse exculpado de las abominaciones calumniosas que se le imputaban, pues, fatigado sin duda por su incansable apostolado y por la natural zozobra del apresamiento, apenas arrojado a las oficinas del alcaide de la prisión, tomó asiento en ingrato banco, reclinóse sobre tosca mesa y un dulce, profundo sueño, como de niño, embargóle. Tocados alcaide y sicarios por esta manifiesta inocencia en lo más pétreo de sus duras almas, liberaron a nuestro Padre José de sus grilletes y, sin más, pusiéronlo en la calle, todavía adormilado. El pío sucedido recomendaba que Pedregoso fingiese dormir al acercarse una sotana, a fin de deslumbrar con su inocencia a nuestros carceleros, y, a veces, lo cierto es que se echaba unas siestas como de niño.

Estaba, como se ha dicho, muy vapuleado ya por años de hostilidad y persecuciones, y particularmente en aquellos días el mísero Dominguito, según me confió, se encontraba algo viudo. El Padre Matallanas le había retorcido el pescuezo a la única gallina que, después de muchos corrales e incontables sobresaltos, no sólo colaboraba sino que le gustaba. Por sabueso, el Padre Matallanas recibió el encargo de apartar de la volatería el alma descarriada de Pedregoso. Las confesiones de Domingo con el Padre Matallanas, que aquél me reprodujo a lo largo de ensortijadas confidencias, me enseñaron cuanto un escritor saber pueda del corazón humano, de la lucha del bien y del mal, de la predestinación y de la avicultura.

Cuando ya la intimidad propició la confianza, Domingo me hizo partícipe de su más secreta vocación. Él, a quien nadie igualaba en vileza, tosquedad y cerrilismo, anhelaba ingresar en un futuro próximo en el mundo mágico, fragante, próspero y placentero, de un seminario jesuítico.

—Eso —le dije— es que sigues hipnotizado por Treviso.

Enfermo de sinceridad, no sólo lo admitió, sino que, enrojeciendo, me confió que algunas noches soñaba con nuestro antiguo condiscípulo y que éste se le aparecía con traje talar y dotado de una cresta poco desarrollada.

Hacía dos cursos que, sin que se hubiesen producido señales premonitorias, apareció una mañana, a mitad de la clase de griego. Era más alto, era guapo, tenía una distinción de otra raza y vestía como nosotros creíamos entonces que vestían los ingleses. Nunca consiguieron que se pusiese el mandil. Había sido expulsado de un colegio de jesuitas por organizar, sobre su pupitre y en horas de estudio, carreras de ladillas. Antes de una semana fue idolatrado.

Por delicadeza, Treviso eludía explayarse sobre las condiciones materiales de vida de su antiguo colegio, limitándose a reiterar su asombro de que allí viviésemos como vivíamos. Siempre en el centro de un corro de embelesados, prefería criticar acerbamente los métodos de nuestros maestros. Ni siquiera nos transmitían aquellos clérigos ignaros una idea decente de pecado. Nos hablaban de un infierno de bambalinas, con una declamación copiada a don Enrique Rambal en *Enrique de Lagardère, El Jorobado*, armados de una teología de monaguillos y con una insufrible propensión a la cazurrería, al dicharacho, a la zafiedad y a la violencia hombruna. Ciertamente, nuestros predicadores nos inculcaban la idea de que la entrada en la morada del Padre nos la tendríamos que ganar en esta vida terrenal como jornaleros, como valientes soldados, como hombres, a guantazo limpio. A diferencia de los jesuitas, nuestros escolapios carecían de un sentimiento refinado de la culpa.

—Para estos curazos el pecado más exquisito es la gula.

—Pues tú —le argüían los menos pasmados de sus admiradores— menudas carreras de ladillas que organizabas...

Treviso desdeñaba responder a quien dudaba de su capacidad de provocación, cuya eficacia pronto pudimos comprobar. Con una sagacidad y una previsión impropias de su poca edad, repetía que nos estaban educando para perder, que nos estaban preparando para que fuésemos unos perfectos fracasados satisfechos. Y él, a quien le habían inculcado la moral contraria en su antiguo colegio, no estaba dispuesto.

En aquella comunidad a lo más que llegaba la vanguardia crítica del alumnado, en sus momentos de hartura, era a objetar el *Alloquium de Dei exsistentia*, de San Anselmo. Se objetaba por entretener al cura y que no preguntase la lección, por desesperarle, por propia desesperación. Ahora bien, si el objetante se empecinaba, corría el riesgo de recibir un par de bofetadas, con independencia de que Dios existiese o no. Otra impertinencia consistía en preguntar por las analogías y diferencias entre comunismo y capitalismo, lo que solía resultar inútil, pues ese tipo de sutilezas eran sinceramente ignoradas por nuestros educadores.

Hasta que llegó Treviso, el más eficaz ataque al poder constituido había sido la blasfemia contumeliosa corriente y moliente, la ordinaria. Treviso nos enseñó a herir donde más dolía la noche en que, interrumpiendo la lectura de *Floresta de Leyendas y Centón de Sucedidos* que amenizaba nuestras colaciones, preguntó al Padre Prefecto cuándo se nos iba a llevar a ver el goya.

—¿De qué Goya habla usted, Treviso?

—De un baturro que fue alumno de ustedes y pintó una cosa titulada *La última comunión de San José de Calasanz*, que la orden dice guardar en un convento a no muchos kilómetros de éste.

—Déjese de bromas insolentes y siga leyendo la *Floresta*.

Encontrado el filón, se desató una avalancha inquisitiva tendente a poner de manifiesto las —comprensibles— lagunas informativas del profesorado, tanto en Letras como en Ciencias. Capitaneados por Treviso, cuando uno no exigía que se explicase el principio de Arquímedes, otro, guareciéndose el rostro preventivamente, solicitaba que, en adelante, se dejase de incluir *El alcalde de Zalamea* entre las obras de Lope de Vega. Jamás tanto clérigo consultó tanto el *Espasa*.

Una mañana, con la misma sencillez que había aparecido, desapareció Treviso. Pero, a partir de esa misma mañana, comenzó su leyenda. Se decía que, reclamado por sus naturales Padres, había regresado a su anterior colegio, como quien baja y sube de la gloria al infierno sin pasar por el purgatorio. Se sospechaba que había sido un agente infiltrado por la astuta Compañía. En todo caso, su figura, sus ideas, sus maneras fueron mitificándose y, dos cursos más tarde, en el año de la reválida, cuando Pedregoso y yo nos quedamos sin vacaciones de Pascua, había quien creía, como el Padre Matallanas, que el Maligno había tomado la forma carnal de Treviso para sembrar la confusión entre nuestra ruda hueste, mientras los más finos susurraban que Treviso había sido en realidad San Luis Gonzaga.

Lo que luego sería de nosotros es otra historia. Como entonces no pudimos sospechar, con el transcurso de los años fuimos olvidando lo que sabíamos entonces y entonces ignorábamos saber. Algo, sin embargo, ha resistido a la degradación de la edad y es la certidumbre de que el sentimiento de culpa y la cochambre generan amor a la culpa y a la cochambre, perpetúan la miseria. Así, cuando nos reunimos los antiguos alumnos, seguimos abominando de la educación que nos dieron. Pero siendo todos una panda de perdedores, supongo que también a ellos les queda, al menos, esta satisfacción mía de no haber pisado nunca un colegio de jesuitas.

Detrás del monumento

A falta de psiquiátrico donde enviarnos y a fin de que fuésemos repasando las pendientes, a principios de agosto se nos abrieron de nuevo las puertas de aquel internado en el que se nos enderezaba a golpes la torcedura moral, fruto de los callejeos y relajamientos de la zona roja. Unos días antes los enemigos del Padre Matallanas habían desembarcado en Sicilia y, en tierras de Getafe, el grueso de los aliadófilos de quinto nos encontramos anticipadamente recluidos en un caserón por el que apenas circulaba lo más vetusto de la orden, los fámulos más derrengados y lo peor de cada curso.

En funciones acumuladas de Rector y de Prefecto reinaba el Padre Matallanas sobre una comunidad, mitad de santos, mitad de golfos, unánimemente flagelada por el feroz calor de los primeros veranos que siguieron al triunfo de la Cruzada. Cuando llegaba el crepúsculo y la temperatura en los aledaños de la estatua del Santo Fundador aumentaba en ocho grados, no podíamos concebir el final de aquella encerrona, el comienzo (sin solución de continuidad para nosotros) de un nuevo curso, que alguna vez la nieve volviese a cubrir aquellos calcinados páramos.

—Anteayer mismo estaba yo ahogando topos en el río —rememoraba Domingo Pedregoso, más incrédulo que nostálgico— y llega mi padre y, sin más, me anuncia que mañana, aquí, a que me hagan hombre, aunque sea en vacaciones. Me levanté por la noche y le rajé una rueda de la camioneta.

A la espera de los hielos que indefectiblemente traería la primera glaciación de la postguerra, el Padre Matallanas estaba supuesto de ilustrarnos, además de en la ciencia matemática (que era lo suyo), en todas las otras materias de la universal sabiduría exigidas por el Plan del 38. Pero, tras una primera lección que dedicó a la metodología multidisciplinar que pensaba aplicarnos hasta los exámenes de septiembre, el Padre Matallanas desaparecía rumbo a inciertas ocupaciones. Apenas desayunada, la reducida horda era convocada para una clase de matemática general, unidad de acto docente que eliminaba las diferencias de curso y desdeñaba los niveles de ignorancia del alumnado. Así, alguno hubo que aprendió a sumar quebrados cuando ya estudiaba trigonometría.

—Está raro —comentaba Pedregoso, suspicaz—. Pase lo de que no se atreva con el latín o la geografía, porque hasta yo sé más que él y sería una usurpación por su parte. Pase que nos mande a repasar y ya no le volvamos a ver la cachimba hasta la hora del rosario. Pero lo preocupante es que está simpático, como de buen carácter.

Efectivamente, así era y, en parte, era debido a que, según las emisoras que el Padre Matallanas escuchaba, los ejércitos del Eje habían aniquilado al ejército invasor en las propias playas del desembarco. A nosotros el día se nos iba en largas siestas, vagabundeos por el desierto convento, amargas lamentaciones o apabullantes silencios. Nadie era capaz de jugar a la pelota en los llameantes frontones y en el llamado campo de fútbol, al primer pase, el balón levantaba una esférica nube de polvo, que quedaba suspendida en el aire durante horas.

—Yo prefiero estar aquí que en mi casa —confesaba el pequeño de los Armijo, con ese optimismo que nace de la desesperación—, porque en mi casa me obligarían a estudiar.

—Y a lavarse continuamente —apostillaba Domingo Pedregoso, al que de sus nefandas incursiones al gallinero le quedaba un permanente olor a estiércol.

Después de mascullar el rosario en el salón de estudio, y del puré y la sandía de la cena, llegaban, con la cesación oficial de toda actividad, las horas más penosas de la jornada. Poco a poco, emergíamos de las obscuridades del parque y nos acomodábamos en la hierba pajiza del jardincillo en cuyo centro se alzaba la estatua del Santo Fundador. Allí esperábamos una brisa, que nunca llegaba, aplastábamos sobre nuestra piel mosquitos como cigarras, acumulábamos pacientemente valor para subir a las sofocantes celdas y alguien rememoraba el fastuoso esplendor que tendría en aquellos instantes la noche madrileña.

—En Aranjuez no hay furcias, ni salas de fiesta, ni la Gran Vía llena de autos y de anuncios. Pero a estas horas los merenderos de la orilla del río se llenan de luces y suena la música de la radio.

—Mingo, anda, cállate. Que nos pones de tango.

Habiendo averiguado la primera noche que las Cirilas por decisión familiar tomaban las aguas en Marmolejo, Fernández no había vuelto a escapar al pueblo. En aquel tiempo Fernández había descubierto en la biblioteca paterna a Manuel Machado y a Santos Chocano, y en la penumbra caliginosa del jardincillo nos recitaba, entonándolos, poemas galantes y selváticos, que trataban de mujeres malas fuera de la sociedad y de caimanes que vivían eternamente prisioneros en el palacio de cristal de un río. Estos últimos, de fauna amazónica, entusiasmaban a Pedregoso y Fernández accedía siempre al bis.

—Pero ¿ya se ha largado Mingo al gallinero? —se percataba alguno, de repente.

Conforme la noche progresaba (sin parecerlo), se hablaba del desembarco en Sicilia y del frente ruso, se generalizaba un debate estratégico y los más sagaces profetizaban nuevas armas, definitivamente destructoras, pero que nunca estallaban en forma de hongo. La mayoría deseaba que España entrase en la guerra y hasta los pacifistas soñaban algunas noches con combates sobre la nieve. Cuando Mingo atravesaba el parque hacia el caserón, cabizbajo por los remordimientos y sosegada la carne, la conversación giraba, a los pies del Santo Fundador, hacia la mujer y sus efectos.

—Pues un primo mío me ha dicho que las ladillas son una enfermedad venérea.

—Pues dile a tu primo, macho, que la sífilis también se puede coger subido en un árbol, como Balmes, pero con una sifilítica en las ramas.

Un atardecer, constituidos en comisión, nos

presentamos en el cuarto del Padre Matallanas los que ya no aguantábamos. Nos recibió en calzoncillos largos atados a los tobillos y en camiseta de felpa. Nos escuchó, mientras daba cañamones al canario. Luego, encendió la cachimba, reflexionó y dijo:

—De acuerdo. Entiendo que os canse tanto estudio. Yo os buscaré distracción. Por lo pronto, antes del rosario os daré todos los días una charla de formación del espíritu nacional.

—Muchas gracias, Padre. Pero que sea sólo de espíritu nacional, sin mezclar para nada la ignominiosa, inacabable y cruelísima agonía de Voltaire, que con estos calores no estamos para lo del pus y las entrañas corroídas por los vermes.

—Ya teníais que saber que de la ejemplificadora agonía de aquel degenerado únicamente trato en sermones de solemnidad.

Las charlas patrióticas del Padre Matallanas algunas tardes incluso hasta nos ilusionaban. Pero, sobre todo, en cumplimiento de su promesa nos encontró ocupaciones recreativas, bien en la huerta, bien en la cocina, bien en la iglesia. Domingo y yo fuimos encargados de ir desmontando el monumento, que seguía erigido, sin que se supiese por qué, desde la pasada cuaresma en la capilla de Santa Clotilde.

—Lo más urgente —dictaminó Mingo Pedregoso, con ímpetu de santero novicio— va a ser quitarle el paño a la santa Clotilde. Luego, bajamos los candelabros y los floreros. Y después, empezamos a desclavar el armatoste.

Las horas se nos iban en el templo con apacible rapidez. Una relativa frescura, el silencio, las formas y el vino sin consagrar que consumíamos en la sacristía, aquel olor, embebían el tiempo. Cuando no hacíamos eco gritando, pensábamos en cosas o explorábamos los ámbitos litúrgicos. Daba mucha paz, sentado en un banco, meditar sobre la inexistencia de Dios. Desde el púlpito se experimentaba un extraño dominio, la certidumbre de una hermosura inútil.

—Ven, ven —susurró una mañana Mingo desde detrás del monumento, donde investigaba algunos trozos desprendidos del retablo.

Tras las tablas arrancadas, la entrada en el muro apenas era mayor que una gatera. Tardamos en decidirnos a penetrar en las tinieblas, provistos de cuatro candelabros.

Nos juramentamos para mantener secreto el descubrimiento y ambos cumplimos el juramento. Allí dentro nunca hablábamos. Nos instalábamos en la pútrida obscuridad del recinto, resistiendo el miedo siempre que no imaginásemos la altura que podía haber sobre nuestras cabezas.

Hacía frío y las piedras de los muros rezumaban humedad.

—¿Te acuerdas el día que encontramos el esqueleto? —recordaría Mingo durante la semana santa del siguiente año, cuando a los dos nos castigaron sin vacaciones.

—¿Qué esqueleto? Lo único que encontramos, cuando tú le robaste la linterna al lego de la portería, fue un montón de números de la revista *Crónica*, con desnudos artísticos, que nos repartimos.

Sin embargo, mientras pasaba el verano y pasábamos los exámenes, mientras comenzaba un nuevo curso interminable e incluso llegaba aquel frío de los sabañones, dolorosísimos como la agonía del impío Voltaire, mientras vivíamos la subversión de las reglas calasancias que supuso la aparición de Treviso expulsado de un internado de jesuitas, resultaba cada vez más congruente recordar que habíamos encontrado un esqueleto, un zapato de tacón alto, una ardilla disecada y una garduña viva, como quería recordar Domingo. Y quizá porque la luz de la linterna nunca llegó a la bóveda de aquel ábside amurallado, la fuerza de la costumbre no acabó de habituarnos al misterio del recinto, como muchos años más tarde nos habituaría a la vida la costumbre de vivir. Y con todo, allí me fue posible experimentar el presagio de una juventud eterna, que pronto dejaría de cumplirse, la seguridad (tempranamente perdida) frente al caos, una esperanza, no defraudada nunca, de recordar en el futuro la tiniebla voraz y acogedora. Y, además, no constituyó la menor enseñanza de aquel verano la humillación de compartir el prodigio con un ser tan rastrero como Mingo.

—Me acuerdo yo —me diría Pedregoso, cuando vino a verme al despacho, para embrollos administrativos, recién heredadas las tierras ribereñas del Tajo que su padre había comprado con los beneficios del estraperlo en los años perdidos— y te tienes que acordar tú la vez que desnudamos a la santa y la escondimos en lo hondo, detrás del altar. ¿A que sí te acuerdas?

Sí. Porque probablemente nunca conseguimos salir.

La capital del mundo

Recuerdo el aire cálido de la media mañana, esa luz que aún no es de verano y resulta excesiva para la primavera (que, como nadie ignora, en Madrid no existe), un olor compacto a ciudad y que a poco que se aspire va descortezándose en los diversos olores que lo componen. Yo venía por la acera de los pares de la calle de Lista de recoger el chusco diario. Recuerdo, sobre todo, una sensación de bienestar total, cuyo origen entonces ignoraba y que ahora sé que era la simple satisfacción de vivir. Frente a la cárcel de Porlier y desde tres alcorques atrás, venía yo, con el chusco, dándole certeros puntapiés a un bote de conservas. ¿Qué más placer podía añadirse a la suavidad de la mañana, a la animación de la calle, al guirigay peatonal, que provocar a patadas un estruendo de hojalata?

Pero, de pronto, la siguiente patada al bote se la dio un muchacho —mayor—, que apareció corriendo a mis espaldas. También yo corrí, fingiendo ignorar la presencia de aquel súbito competidor, lancé el bote hacia el bordillo, regateamos, silenciosos y testarudos, sobre los adoquines, el bote fue a chocar contra la fachada, muy cerca ya de la esquina de Torrijos, ambos nos precipitamos y antes de llegar a la esquina, el desconocido, con una violencia brutal, se arrojó sobre mí y me aplastó contra la acera. No dispuse de muchas fracciones de segundo para, entre la ira y el dolor, encontrar incongruente aquella pelea por la posesión balompédica de una lata abollada. Casi de inmediato, la explosión transformó la mañana de sol en la noche del fin del mundo.

El bote se lo tragó el socavón de la esquina, así como se tragó las escaleras del *metro* y se hundió la acera de los impares de Torrijos hasta Don Ramón de la Cruz. Nunca se supo —nunca lo supimos los de mi banda— cuántos explosivos estallaron aquella mañana en el ramal Goya-Diego de León convertido en polvorín. Tampoco, el número de muertos, ni las causas de la catástrofe. El muchacho y yo bastante tuvimos con salir de naja y encontrarnos (temblando, una vez más en aquella guerra) delante de mi abuela, que nos preparó dos tazones de malta con leche y nos migó en ellos el chusco, con olor a pólvora, del que, como una víscera más, yo no me había desprendido.

El muchacho que aquella mañana me salvó la vida tenía, efectivamente, dos años más que yo, se llamaba Silverio Abaitua y durante los siguientes treinta y cinco años en multitud de ocasiones maniobramos los itinerarios de nuestros paseos para acabar en aquella esquina apocalíptica. Aunque no quería reconocerlo, Silverio rastreaba allí, en el lugar de los hechos, la explicación a su premonitorio cuerpo a tierra, que nos libró de volar a lomos de la onda expansiva. A pesar de que nada era lo mismo, el lugar no había cambiado mucho. Naturalmente, nunca Silverio, ni yo, llamamos calle del General Porlier a la calle de Torrijos. Lo decisivo era que ya no importaba saber las causas, ya que apenas quedaba algo de aquellos dos niños que allí se disputaron un bote. Pero, aun así, en esa esquina de Lista con Torrijos, treinta y cinco años después, yo creía que todavía nos quedaba Madrid, una ciudad cuyo trazado y cuya configuración únicamente podían conocerse en compañía de Silverio.

Para dejar claro que su apellido vasco provenía de una excentricidad de sus antepasados, Silverio, cuando la ocasión lo demandaba, proclamaba que él había llegado a esta ciudad desde el vientre de su madre y que nunca permanecería más de dos meses seguidos fuera del claustro madrileño. Era discutidor, contradictorio y charlatán, cualidades que nos unían sobre diferencias de gustos y de trabajos. En algunas cosas siempre estuvimos de acuerdo y una de ellas era nuestra común aversión a esa especie de erudición bachillera, que convierte el callejero de la ciudad en frondosa historiografía o en ramillete de leyendas.

Si alguno de los dos durante la paseata se ponía magistral, respecto, por ejemplo, a la ubicación exacta de la huerta de San Jerónimo y demás tapias del antiguo Buen Retiro, el otro le nombraba Cronista Oficial de la Villa y le mentaba al Conde-Duque. Preferíamos matar el tiempo y consumir el espacio con disertaciones sobre las mutaciones del paisaje urbano, las transformaciones sociológicas de ciertas zonas, los ensanches, la investigación arqueológica de qué tiendas, sin fallar una, había, cuando había Barrio de Pozas, desde el café España, en la esquina de Princesa con la Ronda del (mentado) Conde-Duque, hasta ambas esquinas de los Bulevares.

Caminando por el Madrid de los años 50 yo mantenía frente a Silverio que la interrogante ¿qué es una ciudad? sería una de las muchas que me habría de llevar de este mundo sin respuesta. Por aquellos años, gracias a un acelerado curso de marxismo recibido en una catacumba de la plazuela de Santa Catalina de los Donados, estaba yo en condiciones de aclarar a mis contertulios del café Gijón o de los bares del Puente de Vallecas el concepto de plusvalía. Silverio siempre fue refractario a cualquier análisis de raíz hegeliana y negaba tajantemente que una ciudad fuese sólo la consecuencia de unas determinadas fuerzas socioeconómicas, un producto perecedero del devenir. Una ciudad, para él, era la vida rodeada por la inevitable Naturaleza.

Según Silverio, a partir del Madrid de la guerra civil, Madrid había experimentado seis transformaciones y una séptima, radical, a punto de estallar. Ni las fechaba, ni las describía; no tenían mayor importancia. Creía en un espíritu de la ciudad, en la esencia de la madrileñidad, hasta en una música, aunque infame y austríaca, matritense. Era un antropomorfista y llevaba soterrado un castizo. El bueno de Silverio compartía conmigo un escaso aprecio por la ciencia del urbanismo. El centro de la ciudad era el centro y no dejaría de serlo jamás, con una valoración creciente. Profetizaba que en unos años (y así sucedió) la denostada Gran Vía de los 40 sería catalogada como una de las más atractivas calles de Europa.

Por la zona norte su aprecio fue decreciendo,

a medida que para llegar al campo de fútbol de Chamartín no había que cruzar ya los barrancos de los Altos del Hipódromo. Al comenzar la década de los 60, solía afirmar que se sentía más contemporáneo del Madrid de Pedro Texeira o del de De Wit que de ese Madrid (si lo es, apostillaba) de la prolongación de la Castellana.

Amaba los barrios del sur y del suroeste, aquellas infraciudades que surgían de la noche a la mañana en los bordes de un Madrid de principios de siglo. Hacia el este, algunas calles de La Prosperidad o de la Fuente del Berro le proporcionaban, en los momentos malos de la ansiedad, un sosiego que ni el gregoriano. Recuerdo a un Silverio sonriente, satisfecho y convencido de habitar en la urbe excelsa, cuando lograba llevarme por la Casa de Campo y subíamos luego hacia la Universitaria, evitando obuses y sorteando parapetos. En contraprestación a esos vientos serranos, me acompañaba de buen grado a Lavapiés y soportaba mis ínfulas de lingüista de taberna, incluso esa acomodación al principio de realidad que me entra a mí nada más penetrar por la calle del Avemaría, el convencimiento de que el cinematógrafo lo inventaron los Lumière para que se proyectase en el Do-Re y en el Olimpia, la calentura que a todo donhilarión le enciende la calle de Tribulete.

En ese barrio, con su nocturna Calle 42 situada en la plaza del Progreso (o del señor Téllez, que se decía cuando una municipalidad franquista la motejó de Tirso de Molina), hasta la década de los 60 se encontraban aún los restos de un Madrid verbenero, sainetero y redicho, que, por uno de esos fenómenos de trasvase del tópico a la realidad, era auténtico. Y misterioso.

Allí, en el territorio del laísmo, por supuesto que no se diptongaba el pronombre con la vocal siguiente y sí se acentuaba; así, por ejemplo: *Le-he visto* por la Costanilla, *la-aseguro* a usted, *la-hemos hecho*. También seguía siendo de rigor y patente de madrileñismo la anteposición del artículo determinado a los substantivos parentales y a todo nombre de pila, en versión hipocorística o no, como, por ejemplo: *La* prima Isabel se casa, *la* tía nos da hoy de merendar, *el* Goyo lo baila en una baldosa.

Pero era precisamente en aquel barrio de Lavapiés, dominio del laísmo y del artículo definido, donde la gente fina, y para demostrar que lo era, venía diciendo desde finales de siglo: *Le-visto* por la Costanilla, *laseguro* a usted, prima Isabel se casa, tía nos da hoy de merendar. Esas curiosidades, que a mí me entretenían, Silverio las utilizaba para reafirmarse en el dogma de que Madrid posee una personalidad de origen metafísico, que impregna a sus naturales, y de que, a su vez, evoluciona, como todo organismo vivo, aunque, eso sí, no es previsible que esta ciudad vaya nunca a desaparecer.

Silverio en pocas ocasiones decía Madrid, sino *esta ciudad*. Mantenía una ostensible reserva de opinión sobre los seres humanos que no habían nacido en esta ciudad, ya que por algo ser de la capital obliga a una imparcial suspensión de juicio o criterio. Las restantes ciudades de España y de los otros continentes eran urbes sólo por comparación con esta ciudad. Por no parecer centralista, Silverio caía en el imperialismo. Nunca supe (pero alguna contaminación de afectos privados debía de jugar en la elección) por qué a Silverio le parecían parangonables a Madrid únicamente Nueva York, Salzburgo, Roma y Zaragoza.

En una fotografía, que, por las gabardinas y los sombreros flexibles que llevamos Silverio y yo, debió de ser tomada hacia 1952, el objetivo nos ha fijado subiendo por Mesón de Paredes una tarde de invierno, cuya luz cuanto más se decolora la foto va siendo más verdadera. Se trata de un fenómeno aparentemente inexplicable, pero en el que concurren tanto la química fotográfica en su derrota frente al paso del tiempo como la embrujada naturaleza de esa luz que hacia 1952 iluminaba la calle Mesón de Paredes.

Veinte años después, en semejante prueba incontrastable basaba Silverio su tesis de que la manía estomagante de ver velazqueña la luz de los atardeceres de otoño desde la calle Bailén responde a que esos ocasos fastuosos, que jamás tuvieron en el siglo XVII tal calidad, la han adquirido en los lienzos bajo el influjo mutante de la atmósfera madrileña. De donde deducía que hasta dentro de tres siglos los cuadros de Antonio López no adquirirán la luz real y soterrada del Madrid contemporáneo, que sólo algunos genios saben captar y que en esta ciudad termina siempre por cuajar, más bien tarde que temprano.

La tesis de las virtudes latentes de la luz madrileña y de sus pintores de ciencia-ficción, el convencimiento de que la personalidad de Madrid está compuesta por la suma (no decía síntesis) de las variadas personalidades de sus barrios, una hipersensibilidad ante imaginarios o efectivos menosprecios, constituían, entre otros rasgos, el madrileñismo de Silverio, su empecinamiento de organillo.

Ahora, cuando ya no es posible mantener aquellas conversaciones peripatéticas, acepto más las ideas de Silverio de lo que entonces me negaba a admitir por prejuicios racionalistas. Mi universalismo marxista de aquellas décadas de los 40 y de los 50 (que Silverio fechaba a su conveniencia entre el día impreciso en que le permitieron la entrada, a pesar de los pantalones bombachos, en una casa de la calle de la Reina y la clausura de todas las casas de tolerancia por Decreto) concedía ya ante sus razonamientos que quizá una ciudad sea exclusivamente aquella aglomeración de edificios a la que con justo título llamamos *mi ciudad*.

Sólo sería, en consecuencia, madrileño quien perciba en un viejo y claro barrio de menestrales el misterio en calles (a elegir) como la de la Cabeza, la del Gobernador (ya en la frontera de Atocha), la de Tres Peces o la travesía de Cabestreros. Si la vida, que no se entiende, se siente en la soledad de una tarde de domingo por Nassau St. o buscando la calle Calatrava desde la Vía Augusta, indudable y respectivamente resultará que uno es neoyorkino o barcelonés.

De todas las etimologías que recopilamos en nuestros años de amistad, la única que Silverio admitía era una de origen griego, que juraba haber encontrado en el *Tesoro de la Lengua*, de Cobarruvias; según la tal, Madrid vendría de prostíbulo. Por supuesto que, al instante, el paseo se orientaba hacia ese enjambre de la existencia comprendido entre Infantas y Fernando VI, para terminar en el madrileño San Pauli de las calles de Alcántara y de Naciones, evocando una ciudad hambrienta, estraperlista, tiritona, obscura y sucia, raquítica, que durante años estuvo dominada por la alegría de los vencedores.

Silverio, cuando supo que además de ineluctable sería cuestión de dos o tres semanas, se fue a morir a Granada. Era la primera vez que bajaba a Andalucía. Dejó sus papeles y sus dineros en orden, parece que también una carta a la menor de sus hijas y, a finales de febrero del 73, le dieron tierra allí, en el sur ignoto. Cuando meses más tarde lo supe, creí entender que, además de ahorrar a los suyos su agonía, Silverio también había querido evidenciar que no era Madrid ciudad para morir.

Pero ¿qué puedo saber yo? He llegado a pensar, inmóvil en la esquina redonda de Alcalá con Gran Vía, que Silverio odiaba este Madrid en el que por encima de la Puerta de Alcalá crecen las Torres del Cemento. En mis paseos, solitarios desde hace más de diez años, por las cada vez más solitarias aceras de Madrid, mis pensamientos errabundos divagan, se impacientan y, con una encrespada urgencia, me empujan hacia lo poco que no ha cambiado o hacia lo poquísimo que ha renacido. Me gustaría callejear Malasaña por la noche con Silverio, atravesar con él la Plaza Mayor bajo la lluvia, llegar en *metro* (horadando el horror) a La Ventilla y regresar por Bravo

Murillo, con desvíos frecuentes más a derecha que a izquierda.

A veces, he pensado que yo también moriré (en Samarkanda), sin que (por intercesión divina) se haya terminado la Almudena, y lo cierto es que cada día me importa menos que otros vayan modificando una ciudad que ya no me pertenece, aunque no sepa precisar cuándo la perdí. A cambio, me es suficiente que el Diablo siga contorsionado a la columna y que abajo de la columna algo me permita aún volver a la Rosaleda de los años 30, a ese jardín de los Campos Elíseos de una infancia proustiana, que bruscamente se convirtió en una infancia golfa, y que no se quedó en infancia gracias al olfato para la dinamita del niño Silverio Abaitua.

A lo largo de una de las orillas del Manzanares o a lo largo de Arturo Soria (esa ciudad que murió de parto) no es raro que, para aliviar el cansancio de la caminata y las brumas de la cabeza, me recite a mí mismo un poema de Carlos Barral, que se titula *Geografía o historia*. Esos versos me ayudan a confundir la geografía con la historia (como en el plan del 38 del bachillerato franquista) en una sola asignatura, disciplinas que Silverio no confundía, ni apreciaba. ¿Qué significados esconden esa ermita o esa piscina, tan banales, tan ramplonas, esa geografía convencional que las enmarca, sino lo que yo sé o creo saber, lo que yo he olvidado, la historia que viví o que me contaron?

A lo largo de los años también, como quien pasea por esta orilla del tiempo, he ido desprendiéndome de teorías, de definiciones, de aquellas elucubraciones que a Silverio y a mí nos apasionaban durante nuestros paseos con un entusiasmo excesivo para que nuestra pasión fuese sincera. Por muy pétreos que sean los muros que contemplo, por muy a lo lejos que se sitúe el punto de fuga de la perspectiva de la calle, por muy hiriente que la luz haga el escarpado relieve de los tejados, a veces creo contemplar un telón de fondo, un juego de decorados. La ciudad es un escenario. Apenas percibo la banal comedia que sobre él se representa. Y, sin embargo, una parte del decorado se ilumina, deja en tinieblas el resto, y comienza a representarse una apolillada comedia, cuya fidelidad al texto original imposibilita la arbitraria memoria del autor.

Madrid ya no es más que un azaroso nudo de sugerencias, que se disparan voluntaria o involuntariamente, que incluso algunas se reprimen, se rechazan; esta ciudad se me ha convertido en un pretexto de la memoria. Lo que no deja de ser útil, aunque no siempre deleitable, para el desmemoriado que necesita los regresos al lugar donde supone que estuvo. Y también, almacén de imágenes cubiertas de telarañas, de desvaídos sentimientos, de tenaces errores y de ignorancias persistentes, de enigmas cotidianos.

Quizá me sea imposible reconstruir aquella red de cables aéreos que cruzaban la Puerta del Sol, pero no necesito ir a Lisboa (aunque por todo lo demás lo necesito con frecuencia) para reproducir en mi memoria acústica el fragor del tranvía remontando aquel repecho de la calle de la Princesa, que allanaron. He olvidado el tamaño de los trolebuses, que ahora probablemente encontraría mezquino, pero no olvido que Silverio y yo adquirimos conciencia europea una mañana de la década de los 50 recorriendo la calle Serrano en trolebús. Oigo aún los chuzos de los serenos en las calles ahora flanqueadas por los cubos de basura y algunas madrugadas de invierno, si cerrase los ojos, vería pasar, mudos, casi levitantes, los carros de los traperos.

Es difícil, cuando mis conciudadanos visten a su guisa y desinhibidos, creer que se producían en los barrios burgueses aquellas salidas de misa dominical, aquellos desfiles de uniformados estratos sociales, vivo modelo de la ciudad de funcionarios y de jerarquías que Kafka creó. Esa fantasmagórica asamblea, que suele resucitar las mañanas de invierno transparentes, se corresponde, gracias a la incongruencia de la memoria, con aquel hedor de animales en cautividad, que Silverio percibía en la zona del Paseo de Coches del Retiro donde estuvo la Casa de Fieras, cuando ya la Casa (Zoo en la actualidad) había sido trasladada a kilómetros de allí y allí recorríamos la Feria del Libro, que vino de Recoletos.

Nunca supimos, ni yo averiguaré nunca, por qué el mercado de la calle Andrés Mellado, que toda la gente del barrio de Argüelles denomina como mercado de Andrés Mellado, se rotula Mercado de Guzmán el Bueno. Y no hay de qué extrañarse, si pienso que Silverio, de seguir vivo, seguiría convencido de que la portada del antiguo Hospicio, en la calle de Fuencarral, fue tan obra de José Churriguera como de Pedro de Ribera la portada de la iglesia de San Sebastián, en la calle de Atocha.

Nada puedo reprochar a la obcecada equivocación portadista de Silverio, porque, si bien conozco la causa de que siempre hacia el final de la calle Barquillo el corazón se me contraiga, también siempre me sorprende que la calle Barquillo no desemboque en la plaza de Colón. ¿Por qué a mí toda idea importante (para mí) se me ha ocurrido por el andén de la izquierda del paseo de Recoletos y nunca antes del crepúsculo?

Los influjos inexplicables, las enmarañadas

relaciones, los subterráneos deseos o las súbitas conmociones, la ignorancia en suma, sólo se pueden eludir quedándose en casa o limitándose al diario viaje de casa al taller, y vuelta. Pero si la ciudad se utiliza como detonante de una búsqueda insensata, si se la pasea (como a las novias de antaño) la calle, a veces la ciudad hace retroceder el tiempo y, de repente, en esta calle arbolada, oyendo la algarabía de los vencejos mientras arriba, en las cornisas, persiste una lentísima luz solar, está transcurriendo un atardecer de uno de aquellos asfixiantes veranos de los años 40, que, como entonces se decía, efectivamente, nunca terminaban.

Sería ridículo que en una ciudad donde se besan públicamente las criaturas de carne y hueso una noche de éstas besase yo, con el ardor que mis labios ponían entonces en sus gélidos labios, la estatua sedente de *Pepita Jiménez*. Pero en esta ciudad, cuya improbable belleza ya no me afecta, conocí durante aquella guerra la única libertad de que he disfrutado. Y en esta ciudad vivo (en ocasiones, gracias a ella), con independencia de que ignore su sentido o de que sospeche que no tiene ninguno. Si, además, es la única ciudad en la que una estatua ha correspondido a mi beso, se comprenderá lo poco que me ruboriza el provincianismo a lo Silverio Abaitua de sentirme madrileño.

Para no salir al extranjero (si es que eso existe) cuando este poblachón me agobia, para los días futuros en que ya carezca de fuerzas para caminarlo, guarda Madrid una reserva inagotable. Mientras pueda entrar por una de sus puertas, podré, a unos metros de la Cibeles, entrar en todos los reinos, pasar de Madrid al cielo y a los infiernos con sólo empujar un torniquete. Porque Madrid (no nos engañemos) es el Museo del Prado y quien tenga la oportunidad de vivir en Madrid, tiene la posibilidad, con tal de que sea algo cosmopolita, de habitar en la capital del universo mundo.

Cuestiones flabelíferas

No se oculta a los estudiosos el espectacular avance de la investigación, que en las últimas décadas ha despejado de enigmas la Historia Universal del Abanico. La titánica labor llevada a cabo por esforzados especialistas ha aireado las brumas más tenaces al conocimiento. Y de tal suerte, que, siendo hoy en día difícil tropezar con alguna cuestión irresoluta dentro del ámbito de nuestra disciplina, resulta todavía más arduo encontrar trabajo para los historiadores del abanico. Aunque doloroso, debe admitirse que sobre el abanico no hay absolutamente nada sensato que decir.

Así las cosas, parte de la grey especializada viene dando (como quien da voces al viento) en orientar estructuralmente, y hacia la modernidad, una metodología del abanico, con subrepticios fines metafísicos. Esta desviación epistemológica de la Historia del Aire Manual no puede traer sino confusión. Cualquier precisión sobre datos (aun sobre los hartos ventilados) de este instrumento, adoptado por todas las creencias, beneficiará, en consecuencia el rigor de las ciencias flabelíferas.

El giro copernicano que supuso el descubrimiento del Soplillo Chino bajo los restos de la Primera Muralla continúa vigente, porque lo que en aquellas ruinas se desenterró, con independencia del bellísimo adminículo (hoy, en el Museo Británico), fue la leyenda, en mandarín arcaico, repetitivamente pirograbada en sus sesenta y nueve varillas. Esta leyenda no es descifrada hasta la construcción de la Segunda o Gran Muralla, en el siglo III a. C., y habrán de transcurrir milenios y controversias hasta que una anónima discípula de Freud la ponga en austríaco inteligible que, puesta a su vez en lengua castellana, dice así: *Que tu brisa aleje la pasión verdadera*.

Como cualquier bachiller sabe, a partir de este decisivo hallazgo y en virtud de la Ley de Acumulación de Fenómenos (o Ley de Las Desgracias Nunca Vienen Solas), Marita y Jorge Eduardo Laplata descifran la leyenda, en taíno primitivo, repetitivamente pirograbada en las sesenta y nueve varillas del Paipai Vacilón (hoy, en el Museo de América), leyenda que, traducida del argentino, dice así: *Como rebenque o puñal, contra la falsa pasión.*

Queda, por consiguiente, establecida la disyuntiva de los usos históricos del abanico, según el contrario empleo del instrumento que el material histórico parece poner de manifiesto. En efecto, nos encontramos con un chino del V milenio (a. C., faltaría más), a quien le produce terror el sentimiento auténtico o sentimiento amoroso, por lo que en los momentos críticos se abanica con saña a fin de reponer en sus estrictos fundamentos de artificio la pasión natural.

Simultáneamente nos encontramos ante el irrefutable testimonio de una hermosa hembra precolombina, que, mediante abanicazos, aleja en los momentos críticos la bajeza del instinto que se enmascara de pasión verdadera, cuando verdaderamente se trata sólo de pasiones de naturaleza instintiva.

¿En qué quedamos?, se preguntan los abanicólogos del XIX. ¿Sirve el abanico tanto para sólo amar las apariencias, rehuyendo la esencia, como para, contentándose sólo con la esencia, rechazar las apariencias?

En este trance la historiografía se divide en dos bandos radicales, que se injurian mutuamente. Los partidarios de un chino, que prefiere la simulación del amor al amor, son motejados de golfos de la arqueología por los partidarios de una apetecible taína, que, cuando besa, besa siempre de verdad y en la que algunos filólogos del abanico han visto el modelo de *La perfecta casada*, de Fray Luis de León, soltero y místico del siglo XVI. Tamaña disputa se acaba con la publicación de *La falsa disyuntiva* (Orense, 1901), de Xose Santiaguiño, obra en la que el notable pensador galiciano, asumiendo ambos empleos del abanico, demuestra concienzudamente que en este mundo siempre ha habido (y hay) gente para todo.

Aunque en su voluminoso tratado Santiaguiño menciona de pasada a la Condesa Betorowski (o Bercovig), desdeña comentar la única biografía válida hasta la fecha de la Condesa (v/ García Hortelano, Fray Juan Gabriel: *El Elector de Sajonia y Condesa Bercovig* o *Una misma persona en dos cargos verdaderos*; en Zaragoza y en las prensas de Magallón, año MDCCLXXXIX; hay edición facsimilar, sufragada por la Fundación Machimbarrena, Aravaca, 1984). ¿Descuido o doblez?

En todo caso, Fray Juan Gabriel García, contemporáneo de la Bercovig y, según lenguas, asiduo a su salón, nos ha transmitido, con su reconocida perspicacia, una intimidad inapreciable, desde la perspectiva iconológica, acerca de los bellísimos países de los abanicos condales (hoy, en el Louvre). Cuenta el fraile eruditísimo que la propia Bercovig le confesó repetidamente que, tanto en sus períodos de Condesa como en sus períodos de Elector, dormíase siempre con uno de sus abanicos entre el camisón y la piel, lo que le suscitaba alados y movidos sueños. Las modernas técnicas espectrográficas han venido a confirmar la sagaz suposición del fraile jacobino, quien, ante los delicadísimos países de dichos abanicos, siempre sostuvo que tal riqueza cromática sólo podía atribuirse a la sudoración nocturna de un cuerpo tan complejo como el del Elector. ¿Por qué Santiaguiño obvia este precioso documento? ¿Estaremos de nuevo ante una auténtica disyuntiva o ante un trilema insoluble?

Convóquese, en beneficio de la precisión, a los supervivientes de la tendencia freudiana, a Marita y a Jorge Eduardo, a los discípulos de Santiaguiño, y veamos renacer la decaída Historia del Abanico, sus candentes cuestiones. Porque, si bien es cierto que lo que vale para varios usos no vale para mucho, sobre los usos del abanico aún queda mucho por abanicar.

Mutis

(Los diablos rojos contra los ángeles blancos)

Lo que mató a David Dyonisios fue la pieza necrológica que apareció al día siguiente de su muerte bajo la firma de Alfredo Venino. En lugar destacado del principal matutino el crítico pontificaba:

¿Quién, entre los que amamos el arte escénico tanto como nuestra vida, sería capaz de olvidar al súbitamente desaparecido? Nunca actor ninguno tuvo menos personalidad; jamás nadie que haya pisado las tablas se habrá encontrado en mejor disposición para representar al que no era que esa oquedad, que esa esponja, que ese hombre, que no era nada, que nada sentía, a quien, fuera de la escena, nada afectaba. Su pasmosa permeabilidad tenía los más sólidos fundamentos, a saber: ignorancia, insensibilidad, apatía y memoria. ¿Quién, por tanto, entre los que...?

Después de haber reposado unas horas en el lujoso féretro en el que le habían tendido durante la madrugada, David Dyonisios se levantó no como un resucitado (que así le habría parecido a cualquiera que se hubiese hallado presente en la cámara mortuoria), sino como el tarambana que ha pasado una noche algo intranquila. Dyonisios, al descubrir la parafernalia fúnebre que ocupaba aquel salón de su casa, pensó, con esa certera sensatez de la que sólo disfrutan los muy vacuos, que en los periódicos de la mañana encontraría alguna explicación al hecho de no haber dormido en su dormitorio. Sobre una mesa del vestíbulo estaban los periódicos y allí mismo comenzó a leer la necrología que Venino le dedicaba, como cualquier mañana posterior a la noche de un estreno leía las críticas, aunque en aquel momento estaba maquillado por el maquillador de la empresa funeraria.

Apenas concluida la escena segunda del primer acto —narraba Alfredo Venino en uno de los párrafos iniciales de su fúnebre oración—, *apareció en lo alto de la rampa del foro David Dyonisios y, conforme la bajaba, solemne y desenvuelto, cuando ya sus labios se movían para articular la primera frase de su papel, recibió, como puñalada mortal, el tumulto del pateo. Poco importa qué hizo estallar la ruidosa protesta del público, que sólo cabe imputar a una de las múltiples necedades de que ya habían dado sobradas muestras autor y director en el tiempo transcurrido desde que se había alzado el telón. Lo decisivo fue*

—continuaba narrando Venino y, al leerlo, recordaba Dyonisios— *que Dyonisios cayó fulminado y rodó sobre las tablas, hasta quedar su cuerpo exánime y frenado por la concha del apuntador. Un silencio sobrecogido, con igual celeridad que la protesta...*

David Dyonisios regresó al salón, sin dejar de leer la conmocionada prosa de Venino, encendió un cigarrillo en la llama de uno de los seis hachones que flanqueaban el ataúd y se sentó en el borde de la tarima, que lo sostenía y ensalzaba. Un incierto presentimiento le daba al cigarrillo ese sabor, inconfundible para todo fumador avezado, al último cigarrillo a pie de patíbulo.

... pues no era la primera vez (y una vez más sin culpa suya) que se encontraba en el ojo de ciclón del fracaso, igual que tantas otras noches se había encontrado (también sin mérito suyo) zarandeado por los huracanes del éxito. Y jamás esas eventualidades afectaron a nuestro actor, ser mortal, pero preservado de lo efímero por su naturaleza insubstancial. En consecuencia, sólo un intervalo de súbita lucidez pudo acabar con la vida de Dyonisios.

Mientras fumaba, sentado en la tarima de su túmulo, David Dyonisios comprendió confusamente que Alfredo Venino, al que nunca había visto, había diagnosticado sin error la causa del paro cardíaco que la noche anterior le echó a rodar por el escenario. Únicamente se equivocaba el necrólogo en lo definitivo del accidente. Sin embargo, Dyonisios, impulsado por la sagacidad de Venino, forzó al límite los poderes de su memoria y, aunque descolorida y fragmentariamente, logró revivir aquella lucidez que, sin posibilidad de recitar su papel por el alboroto de los espectadores, le dominó en lo alto de la rampa del foro. Y decidió morir antes que seguir expuesto a experimentar de nuevo otro ataque de clarividencia.

Dyonisios regresó al ataúd y llamó a la muerte con una persuasión sincera, no exenta de los recursos profesionales de quien tantas falsas muertes había vivido sobre el escenario. Nada más visitarle La Tramposa, ellos y nosotros nos precipitamos, pero llegó primero uno de esos gráciles mozalbetes —demasiado afectados, para mi gusto— del Coro número 1 y el Querube nos birló aquella alma, que para poco les sirve, porque, además de tener atestadas las praderas elíseas, en el último siglo se ha puesto de moda entre actores de escasa mollera preferir la Gloria.

Siendo tan desconsiderados como diligentes, tan suyos, allí olvidó el Querubín el periódico y la colilla todavía humeante del último cigarrillo de Dyonisios, descuido que pudo provocar el despido de algún empleado de la empresa funeraria, si no hubiese llegado yo a tiempo de poner en orden la cámara mortuoria. En esos menesteres de fregona me sorprendió Alfredo Venino.

Como Alfredo me vio bajo las apariencias de incitante actriz desconocida, llevo ya unos meses de meritoria en la antigua compañía dramática de Dyonisios, llamándome Leonora y amancebada con el perspicaz crítico. Todo lo cual, sinceramente, a veces me gusta más y a veces menos que trabajar en el Servicio de Recogidas Urgentes como súcubo en expectativa de destino, situación en la que me tenían sancionado por alguna buena acción que debí de cometer en vida, cuando fui fontanero y me llamaba Nicolás.

Nostalgia

(Los diablos rojos contra los ángeles blancos)

El día 14 de febrero de 1848 —¡faltaba poco!— a Rosario Gallegos unos macarras carlistas, antes de violarla, o así, le segaron la roja cabellera, que —misteriosamente— nunca más creció en el convento de absoluta cerrazón al que unos padres prudentes la destinaron y en el que unas Hermanas severas la admitieron, tras rígido examen de las cuatro reglas y sedosa comprobación del himen preservado por el espanto que el pubis lampiño de la doncella produjo a la partida pía al levantarle las sayas después de mondarle la cabeza, órgano este —repito— que ya para siempre permanecería mondo, a diferencia de aquella desnuda colina de Venus, que había sido la causa de que no se consumase para el placer lo que para la murmuración consumaron las lenguaraces bocas comarcanas, suave promontorio sobre el que, con los últimos ecos del estruendo de los cerrojos y de las poternas, comenzó a brotar una frondosa enormidad de pelos rojos inmune a la poda semanal que la Sor llevaba a cabo por higiene, deleite y desesperación, por favorecer y robustecer fundamentalmente aquella pelambrera inferior, estableciéndose así un perenne contraste entre cabeza y bajo vientre, una contumaz oposición confusamente legendaria y, aún más, el recuerdo de la imagen intrauterina de una cima hendida y un bosque al fondo, asfixiante contradicción que arrobaba a Rosario en los refrescantes espejos de la siesta conventual y a cuya contemplación se entregaba, se encendía, se trastornaba, me invocaba mediante conjuros de frenética urgencia, de rara precisión en una virgen, de irresistible sinceridad, por lo que fui enviado —bajo órdenes de Quiensiemprepierde y presumo que a requerimiento de las Lamias— y por los caminos del espejo llegaba incluso sin ser llamado para entibiar un cráneo como nalga y enfriar las frondas que guardaban la sima rosada, hasta que, por la magnitud del acontecimiento, cuando apenas ella se me aficionaba, me trasladaron a las barricadas, tras las cuales, como va siendo secular costumbre, fuimos aplastados por las implacables huestes de la Luz, tan lóbregas..., no habiendo vuelto a encontrar desde entonces a la peluda monja calva, de quien, de haberse retrasado sólo un par de días la sed de venganza y el hambre de justicia de las siempre inoportunas hordas populares, habría sido yo, un sencillo Trasgo, el que se habría aficionado en peligrosa demasía a Rosario Gallegos, a quien pienso buscar consultando nuestro censo (en el primer tiempo libre de este tiempo eterno que me conceda la Corte Abismal), donde no ha de faltar su nombre, porque, según me ha comentado el colega que me sustituyó, en La Bisbal y hacia 1878 le dieron garrote con las tocas puestas no por bruja, ni por ambigua, ni por poseída por mí, ni por federal —que también—, sino por haber capado a la hoz al Jefe Político del Distrito, un santurrón que intentó sacarla del convento y ponerle piso y peluca, de modo que sería un gozo, cuanto más ahora que acaban de divorciarme del guerrero maorí, encontrar a la Rosario Gallegos, ¡qué mujer tan dislocada!, en algún glaciar, en cualquiera de estas piscinas cuya agua azufrosa hará llamear su selva roja, coralífera, que se le erizaba de fuegos en aquellas tardes mediterráneas de 1848 que difícilmente volverán.

Elasticidad

(Los diablos rojos contra los ángeles blancos)

¿Cómo ganar el alma de Procusto? Ya Procusto agonizaba en su lecho y aún permanecía incierto el resultado de la batalla entre las celestiales huestes y las infernales hordas. Combate, a decir verdad, desangelado, desanimados por sus repetidos fracasos tanto los ángeles del bien como los del mal. ¿Cómo, repito, ganar un alma que se entregaba a unos y a otros con igual complacencia, con idéntica sinceridad? Hasta Yo, en mi omnipotencia, no sabía qué resolución tomar.

Me repugnaba, después de más de un milenio sin llamar a consulta a tal miserable, convocar a Satán. Desde la nauseabunda componenda con la que resolvimos el final de aquel charlatán griego, que a punto estuvo de embarullarnos, habíamos delegado en nuestras respectivas huestes y hordas la rutinaria tarea de salvar o perder almas. Y, al fin y al cabo, aquel Sócrates dicen que era alguien, pero este Procusto ¿quién se creía ser?

Antes de recurrir a un convenio con el Sulfuroso, quise estudiar la ficha de Procusto. Tardaron en proporcionármela avergonzados justamente (como descubrí, nada más iluminarse la pantalla del supremo ordenador) de la pifia que me habían hecho cometer al dar vida a Procusto años ha. Por refinados que sean los instrumentos y excelentes las condiciones de trabajo que me molesto en procurarles, siguen siendo una panda de inútiles. ¿Cómo, si no es por incompetencia y desidia, se explica que me pusiesen a la firma la creación de una criatura que, bajo el nombre de Procusto (lo que denota resabios mitológicos y atufa a rito masónico), había de ser hombre de su época? Que no se me diga que falté a la benevolencia trasladando a un puñado de burócratas, en lo que tarda un relámpago, a ennegrecerse las alas en las covachuelas del averno.

Hombre de su época, Procusto no encontró otro remedio a su singularidad que entenderse con sus contemporáneos, hombres de otras épocas. Para evitar esa desdicha de la mutua comprensión, he determinado precisamente que cada hombre nazca en época histórica distinta a la que por carácter y mentalidad le corresponda. Sólo quien es dueño del tiempo en que existe sabe que no merece la pena encajar congruentemente a seres fugaces en el infinito tapiz del ir pasando.

No menos presuntuoso que otros, aunque sí más delirante, el siglo de Procusto permitió a Procusto, sin traicionarse a sí mismo jamás, tener pocos amigos y amar a muchas mujeres. Esta curiosa convención, que las ideas de la época estipulan y nadie cumple, fue llenando de las más diversas hembras el lecho de Procusto, en el que toda diversidad encontraba su medida gracias a la comprensión de Procusto. Tan grande era la capacidad acomodaticia de esta criatura que, en aras de la amistad, hasta consentía Procusto, si así el amigo se lo pedía, en compartir con el amigo el lecho.

Como consecuencia de esa virtud de dar a cada uno lo que pide, sobre cama tan famosa (y con razón...) Procusto hizo feliz a la ramera con espíritu de monja, a la monja enamorada de mí, a la atareada madre con glándulas de ninfómana, a la ninfómana estéril, a la fecunda bestializada, a la intelectual fecundada, a la lesbiana casta, a la casta, a la tuerta, a la magra, a la evanescente, al condiscípulo, al magnate exhausto, al maricón de natura, al anacoreta y al hermafrodito, seres de la especie racional mal colocados todos ellos, no en la vida, que es siempre la misma, sino en el tiempo del mundo, que parece otra cosa.

En la actividad de este concurrido lecho confiaron mis ángeles azules. Acostumbrados a recoger cómodamente las almas de los lascivos cuando suena la hora de la artrosis, acudieron puntuales a recoger el alma de Procusto en cuanto, además de artrosis, el doctor diagnosticó el cáncer que Yo le había asignado en mis inescrutables designios. Craso error el de mis ángeles, porque Procusto, que había dado indiscriminadamente amor a sus coetáneos, nunca había sido amado. Es más, resignado al cabo de los años a carecer de pareja congruente, acomodándose por entero a la personalidad que de él se esperaba, habría juzgado incedente que alguien le amase.

Con la consabida perspicacia proletaria, aguardaron los diablos rojos a que la agonía evidenciase la sequedad del alma de Procusto. La tuvieron por suya, pues suya podía ser aquel alma desierta, que alentaba en un cuerpo que de cualquiera había sido y que nunca, hasta sus momentos finales, tuvo la prudencia de procurarse un lecho a su medida. ¿No pertenecía por derecho al Rebelde un espíritu que a sí mismo se negaba soberbiamente?

Nada arreglaba que los custodios del bien me preguntasen cómo arrebatar el alma de Procusto a los propagadores del mal, porque todos, obnubilados por la porfía, no se percataban de que Procusto se entregaba a unos y a otros alternativamente con igual complacencia, con idéntica sinceridad, paciente como un cordero, como una puta sumisa. Mientras tanto, perdidos los nervios, las huestes y las hordas, tirando cada una de Procusto para su lado, estaban a punto de descuartizarlo, pobre hombre, sin atender al inescrutable designio del cáncer y el reuma.

Permití una pasajera mejoría del agonizante, antes de que la turba de encontrados sicarios lo convirtiese en un mártir, destino inaceptable para un hombre tan de su época. De inmediato, a velocidad satánica, el emisario del Protervo vino a sondear hasta dónde estaba Yo dispuesto a ceder. Propuse una curación milagrosa que aplazase la muerte de Procusto durante cincuenta años; al término de ese suspiro del tiempo, ya se vería hacia qué facción conducía a Procusto la libertad que a todo ser humano he concedido.

Esperaba Yo que el Maligno argüiría la falta material de tiempo para trasladar a Procusto sin la ayuda de una bruja voladora a una de esas cuevas de apariciones, con las que mi bondad infinita ha enriquecido de milagros al sur en detrimento del impío norte. Pero la sagacidad de ese rojo miserable argumentó que en cincuenta años Procusto dejaría de ser un hombre de su época, convirtiéndose, en contra de lo firmado por mí, en un viejo asustado. A cambio proponía la puerca mente del Enemigo que, desvelando Yo al equipo investigador de una Universidad rusa el secreto de la curación del cáncer y de la artrosis reumática, se levantase sano y salvo Procusto de su lecho. Y después ya se vería...

Medité la contrapropuesta, como Yo solo sé meditar cuando me pongo a ello.

Ese viejo activista, que no en balde aprendió aquí el oficio hasta su caída a las tinieblas inferiores, conoce mi resistencia a aliviar los males de los humanos. Demasiado he consentido ya en ese terreno de la farmacopea y demasiado ha crecido la confianza en sí mismas de esas criaturas, que cada siglo olvidan más que la vida les ha sido dada para padecer y que, si se les permite prolongarla un poco, es únicamente con la intención de aumentar el tiempo de sus padecimientos. En cuanto Yo me descuidase y fomentase las pequeñas comodidades que su corto ingenio les ha proporcionado, acabarían por pedir, no la luna, que ya la tienen, sino la inmortalidad, como aquel recalcitrante Matusalén o, sin retroceder a tiempos de mayor esplendor para esta Corte, como este Procusto, hijo de su época y renuente, en su maleabilidad, a cambiar su lecho por una fosa. Dije, por tanto, que nada de rusos.

(*Epitafio*:
Aquí yace Procusto,
quien, en la blanda tierra del gredal que se lo tragó,
espera confortablemente la tierra prometida
que, entre unos y otros, le prometieron.
Oh, paseante,
envidia su Destino y huye de su ejemplo.)

Preparativos de boda

Pocas veces se equivocó tanto como Dorita, *La Desmandada*, en aquella ya lejana tarde de este verano que ahora termina, con el poniente dorando la madriguera de *El Enterado*, cobre resplandeciente el cuerpo de Dorita cuando el cuerpo dobló las rodillas y la bandeja quedó sobre la piel de oso sintético. Pocas veces alguien adivinó tan acertadamente lo contrario de lo que sucedería, después de un cumplido regocijo y en esos momentos en los que alguna ecuanimidad cabía esperar de los saciados apetitos insaciables de Dorita.

—Seguro, *Desmandada*; tiene que ser eso.

Conforme dejaba caer el hielo en los vasos, Dorita corroboró su premonición:

—Ni lo dudes, ya verás. Que quiere el divorcio —sentada sobre la piel del oso, se aplicó a ambos pezones sendos cubitos de hielo y éstos, como al contacto del fuego, se le licuaron en las manos—. Y ni siquiera tú, Lorenzo, puedes reprochárselo.

—No, creo que no puedo reprocharle a Venusia que me exija el divorcio. Lo extraño es que haya tardado tanto. ¿Cuántos años llevamos nosotros de feliz amancebamiento? —Dorita, que jugueteaba con un racimo de cerezas en su entrepierna, parecía incluso meditar—. Por lo que recuerdo, Venusia nunca fue partidaria de la continencia. Me asombra que haya sido tan paciente. Lo inquietante, aunque siempre fue demasiado dada al protocolo, es que me convoque mediante un tarjetón, en nuestra propia casa y, encima, invitando a Thais y a Ricardo. Resulta extravagante organizar el asunto como si se tratase de una fiesta.

—Que no te quepa duda, *Papaveras*; es para plantearte el divorcio, seguro.

Dorita se anudaba a los pechos una sarta de perlas, tan auténticas como el oso de *El Enterado*, e intentaba que le quedase sarta para atarla al cuello de una botella, que pronto comenzaría a moverse pendularmente. Pronto también los visibles rayos de sol se escurrirían por la terraza y el apartamento se ensancharía en esa luz de los sueños que en ciertos atardeceres finge la realidad. Pero la realidad era que Venusia había convocado, *para adoptar una decisión transcendental que nos defienda del mundo y de nosotros mismos*, a Thais, a Ricardo y a su propio marido, Lorenzo, *El Papaveras*, o sea, a mí.

—*Desmandada*, ¿qué va a ser de nosotros, cuando yo esté divorciado? *El Enterado* volverá, para el otoño tendremos que buscar otro nidito y, sobre todo, ¿qué clase de felicidad va a ser la nuestra sabiendo ambos que podemos casarnos? No logro imaginarlo. Dime lo que tú piensas de este embrollo, *Desmandada*.

Dorita, por fin, había conseguido que la botella, entre sus piernas dobladas y separadas, fuese de una a otra rodilla impulsada únicamente por la docta y elástica energía de sus pechos.

—¿No se te está haciendo tarde? Quedaría como grosero que llegases el último. Anda, *Papaveras*, no te quedes dormido en el oso, que luego no hay quien te despierte.

Cuando estuve vestido, Dorita, que se había cansado de hacer el metrónomo, terminaba de anudarse las perlas a la cintura, después de haberlas pasado bajo las nalgas. Nunca había estado tan bella.

—Mañana mismo por la mañana te llamo y, aunque sea por teléfono, te adelanto algo. Si puedes, quedamos aquí y te cuento lo que haya pasado, con todo detalle. No estés inquieta, por favor.

—Eres tú el que no tiene que preocuparse —acudió pimpante a los arrumacos de la despedida— con las majaderías de esa mujer tuya, Lorenzo. A mí me tienes segura.

En el hueco de la puerta del ascensor se quedó encabalgada a una de las hojas deslizantes hasta el último segundo, antes de que la otra hoja la alcanzase por la espalda. Y así, desnuda, saltando presta al rellano de la escalera, vi definitivamente a Dorita, al cerrarse el ascensor y comenzar el descenso que me llevaría a la reunión de Venusia.

Si bien sólo habían transcurrido veinticuatro horas (incluida una noche en vela), tuve la sensación, simultánea y contradictoria, de que habían transcurrido años y de que el ascensor ni siquiera había descendido cuando se abrieron las dos hojas de la puerta del ascensor y allí estaba Dorita, desnuda, sin las nalgas realzadas por la sarta de perlas, extrañamente ansiosa. Nada más entrar quise llevarla al oso, por saciar sus apetitos lo suficiente para que pudiese escucharme, pero me abandonó sobre el oso, a medio desvestir, y se sentó en el borde del diván, con las rodillas unidas, lengüeteando el tacón de uno de sus zapatos.

—Ánimo, *Desmandada*, que el amor todo lo puede, siempre que se disfrace de sabiduría.

—Me he quedado de piedra cuando me has dicho que no quiere el divorcio —en efecto, parecía que su cuerpo había perdido la ingravidez en la que lo mantenían sus nunca saciados apetitos—. Pero ¿qué pretende esa zorra consorte? Yo, Lorenzo, por nada del mundo estoy dispuesta a perderte.

Aquella insólita obediencia de la carne de Dorita a la ley de la gravedad la convertía en una mujer excepcional, es decir, en una de esas mujeres desconocidas que uno cruza por la calle. Jamás había estado tan apetecible.

—Bueno, sí, de eso se trata, de que tú y yo nos separemos. Quizá para siempre.

—Me mataré —pareció anunciar, mientras clavaba salvajemente su espléndida dentadura en el tacón del zapato.

Estimé que lo más generoso, además de conveniente, sería narrar los hechos en la tonalidad desapasionada, casi burocrática, en la que ellos tres me los habían planteado la noche anterior.

—Llegué con retraso, me estaban esperando ya y durante la cena se limitaron a hablar de ti. Te habría sorprendido descubrir con qué precisión conocen nuestro idilio. Pienso que o Thais o Venusia han debido de mantener relaciones con alguien con quien tú, *Desmandada*, mantengas relaciones y a quien le hayas contado lo nuestro por lo menudo. No se me ocurre otra explicación.

—Puede ser —gimió Dorita—. ¿Qué pasó después de la cena?

—A los postres Ricardo se subió al púlpito. Ricardo, desde hace una temporada, padece una irresistible tendencia a convertirse en un hombre íntegro y, oyéndole anoche, creo que está a punto de lograrlo.

—De qué maneras tan disparatadas os afecta la madurez, Lorenzo...

—Según el análisis de Ricardo, nuestro persistente idilio denota que mi matrimonio con Venusia está en crisis insalvable. Al mismo tiempo, ha decidido que yo necesito una relación fija, porque ya no me encuentro en edad de asumir las modernidades consecuentes a la crisis de la pareja tradicional.

—Me pregunto qué interés puede tener ese cornudo en protegerte a ti, *Papaveras*, de mí.

—Su interés es muy complejo. Ricardo, ahora que ha cumplido los cuarenta y está al borde de convertirse en un hombre íntegro, cree que la única salvación radica en el matrimonio. Por lo tanto, le repugna mi matrimonio en desuso con Venusia y le inquieta gravemente que su matrimonio con Thais pueda llegar a una situación semejante. Es más, Thais confirmó que últimamente mantienen unas relaciones putrefactas. Éste es el planteamiento fundamental del problema. En cuanto a la solución tanto Thais como Venusia y Ricardo aseguraron que la habían debatido con ponderación, esmero y sinceridad, en los dos últimos meses. Y yo te aseguro, Dorita, que realmente se lo tienen todo pensado.

—Siempre te advertí, *Papaveras*, que la amistad con esa pareja resultaría nefasta.

—Recuerdo que me lo advertiste, pero temo, cariño, que ya no quede tiempo para lamentarlo. Pasamos al salón y Ricardo, que hasta entonces había llevado la parte moral o filosófica del asunto, cedió el turno a las damas para que me ilustrasen sobre los aspectos prácticos. Ya me entiendes, los muebles, el dinero, distribución de habitaciones en la nueva casa, la nueva casa, número de coches, número de criadas, el ajuar..., en fin, una montaña de problemas, que, para serte sincero, ellos tres tienen casi resueltos. Vamos, a falta de mi opinión.

—A todo esto, tú, *Papaveras*, ¿qué decías?; ¿luchaste por nuestra felicidad?; o ¿te quedaste callado, como acostumbras, que cualquiera pensaría que la vida no va contigo?

—No he pegado ojo en toda la noche, Dorita.

—Pero, Lorenzo... Por lo menos..., eso por lo menos... Te juro que no entiendo qué tenemos que ver tú y yo con la crisis de la pareja tradicional... A mí me daría mucha vergüenza casarme..., no podría... Pero si lo nuestro es una cuestión de gusto y disfrute...

No lo entendía, no entendía nada y no era yo la persona adecuada para compartir su confusión, ya que intuía a qué catástrofes conduce unir pensamiento con deleite. No obstante, daba pena y hasta un poco de repugnancia verla tan inmóvil y enajenada, con los pezones macilentos, con el zapato colgando de las manos, sin meterse el tacón, sin ocurrírsele siquiera, como de cuerpo prestado.

—Quizá te animaría, cariño mío, besarte a ti misma en el espejo.

—Ni aunque te liases en la piel del oso... —El zapato se le escapó de las manos y quedó lastimosamente derrumbado—. La noticia de tu boda me ha dejado castrada.

—Mujer... Lo que te pasa es que con ese corazón generoso que tienes te entristece perderme, aunque me sustituyas dentro de un par de días por un elemento muchísimo mejor. Es un sentimiento lógico, os pasa a todos los coleccionistas. Además, que será una separación temporal, como si me prestases, pongamos por caso, al museo arqueológico de Palencia. Yo, Dorita, les puse tres objeciones y una condición.

—¿Qué condición pusiste a esa ralea de prometidos tuyos?

—Reanudar nuestro idilio nada más terminar la luna de miel. Quieren ir a Chittagong o a Tahití, una isla que está en el Pacífico. Lo que yo elija.

—Y ¿aceptaron?

—No. Se acabaron las infidelidades. Dicen que precisamente por eso, por lo de la rectitud, nos casamos. A cambio, gracias a mis tres objeciones, he logrado retrasar la fecha de la boda.

—Eres astuto, *Papaveras*.

—Afirmé rotundamente que así, de golpe y en grupo, yo tenía que meditarlo. Que, además, se me ocurrían algunos reparos. Primero, de tipo temperamental. Yo soy poco sociable y me fastidia pasarme todas las noches en una fiesta y lo que aguanto aún menos es recibir gente en casa. Salvo a *El Enterado*. Segunda objeción, de tipo económico. Si no me he dejado arrastrar a profesiones esclavas para mantener un hogar de dos, doblemente me opongo a esclavizarme para mantener un hogar de cuatro, así sean dos pisos unidos, un dúplex o un chalet adosado, que todavía no han decidido, aunque Venusia y Thais han encargado ya una cama y unos armarios como para Goliat. Tampoco aceptaron mi segunda objeción, porque, según ellos, con la fortuna de Ricardo y con la dote de Venusia podemos vivir hasta con lujo. Mi tercera objeción, de carácter erótico...

—¿Qué dote de Venusia? Siempre he creído que vivíais sin apuros gracias a vuestras deudas.

—Y así ha sido, *Desmandada*. Venusia ha preservado intacta su dote, porque piensa que la dote de una esposa liberada no está para malgastarla en tonterías, que se debe reservar para algo importante. Y ahora aporta su dote como dote. Lo esencial es que conseguí el aplazamiento de la boda. Todo lo demás, las fiestas sociales, las amantes, el dinero son cuestiones que ya se resolverán con un poco de paciencia. Actualmente se encuentran ciegos de entusiasmo con el matrimonio de los cuatro y sería inútil intentar hacerles ver que el número de elementos que componen un matrimonio no altera substancialmente la esencia del matrimonio.

—Tampoco hay que ser tan escéptico, *Paparerás*. ¿Quieres contarme de una vez cómo conseguiste aplazar la boda?

—No fue difícil. ¿Hemos o no hemos sido siempre un grupo de gente civilizada?, les pregunté. Pues si lo somos, si jamás nos hemos embarcado en una experiencia sentimental sin una previa experiencia sensorial, yo no puedo casarme con todos vosotros sin probaros uno a uno durante algunas semanas. Aceptaron y decidieron, dada la estricta abstinencia que mantenemos Venusia y yo, que lo más sensato es que comenzase por Venusia. Total, que dentro de media hora debo encontrarme con Venusia en el aeropuerto, para irnos los dos solitos a esa casa que Ricardo tiene en la Costa. Y a ver que pasa...

—Me resulta un poco obsceno, ¿qué quieres que te diga, *Papaveras*?, eso de que empieces la experiencia con tu propia mujer. Pero, anda, sal arreando, que me pone nerviosísima sólo pensar que se puede perder un avión. La verdad es que me resulta de un guarro subido. Confío en ti, plenamente. Sé que volverás conmigo en cuanto te hartes de tanta familia.

—Faltaría más, *Desmandada*.

Se quedó, más desnuda que nunca, en el rellano y fui dejando de verla conforme iba deslizándose la doble guillotina de la puerta del ascensor. Pero dos pisos más abajo el ascensor se detuvo, comenzó a subir y, al abrirse la puerta, Dorita continuaba en el rellano, acompañada del perro de la viuda del magistrado y de la viuda, una de esas cincuentonas quisquillosas y engoladas que sólo un tipo como *El Enterado* es capaz de tener como vecina.

—Perdona, Lorenzo, que te retrase un minuto. ¿Cuál fue tu tercera objeción?

—Ah, ya, la tercera, la de carácter erótico... Que Thais es mucha mujer para mí.

—Quizá no te falte razón, *Papaveras*.

La viuda, alarmadísima, izó al chucho y lo protegió contra su pechonadura de ninfómana reprimida.

—¿Baja definitivamente o un poco otra vez?

Durante el descenso la varona me hizo sentir que sólo con mi aliento le estaba contagiando al perrito una lepra sifilítica.

No mucho más cómodo me sentí durante el despegue junto a Venusia, que manipulaba ya en su arsenal de cosméticos, ni siquiera cuando la azafata y yo la convencimos de que el pasaje volaría más sosegado si prescindía de aquella atroz pamela de randa, color púrpura sulfónica. Sin embargo, cuando la pamela se quedó en la caja fuerte del hotel y desde la habitación (donde pasaríamos la primera noche antes de trasladarnos a la casa de la Costa), a través del laberinto que trazaba el equipaje de Venusia, llegué a la terraza sobre el mar donde Venusia se duchaba de luna, un rayo de lucidez me atravesó. A los síntomas habituales de la lucidez les acompañó la certeza de que nunca mujer alguna me gustaría más que la mía.

No nos trasladamos a la casa de la Costa. El verano llegaba lento y titubeante. Hubo tardes resplandecientes durante las que nos agotamos en playas solitarias, y noches ventosas y anubarradas que nos enfebrecían sobre las rocas intermitentemente cubiertas de espuma. Alguna madrugada Venusia, desesperada de placer, masticaba moluscos vivos y el rostro se le cubría de babas, linfas, mucosidades, conchas trituradas, o se dejaba pinzar la carne del vientre por voraces crustáceos, que yo pescaba para ella en el tanque de conservación de la cocina del hotel. Cuando mis labios lamían sus heridas, Venusia sollozaba a carcajadas.

Pero era en nuestra habitación, en aquel dédalo sofocante, desbordante de las ropas que las maletas de Venusia no dejaban de vomitar, donde más nos amamos. En ningún instante estuvo Venusia totalmente desnuda. Incluso penetraba las olas cubierta por sutiles túnicas y, al surgir de entre las aguas, aparecía como un ser de fantástica piel, mixtificada, portentosa. En la penumbra de la habitación o en la fantasmagoría lunar de la terraza inventaba disfraces, maquillajes, embelecos, actitudes, que renovaban nuestras energías y nuestros deseos.

Al amanecer, enroscado a las sedas o a los rasos bajo los que Venusia dormía, sentía a veces en el paladar, donde se me resecaban la saliva y los jugos de Venusia, una especie de perfume y, en la somnolencia, poco a poco reconocía el gusto de la piel de Dorita. Despertaba entonces y durante un tiempo infinito me congratulaba de haber perdido a *La Desmandada*.

Porque ahora que había recuperado lo que nunca tuve, ahora que Venusia había perdonado mi cerrilidad de buey, gozaba comparando la lujuria de Dorita, tan estruendosa, tan simple, tan monótona, con el salvajismo refinado y artificioso de Venusia, como quien rememora una enfermedad o las ingenuidades de la adolescencia en momentos de plenitud. Pero, también poco a poco, los días iban siendo más calurosos, el hotel se llenaba de huéspedes, las playas de toldos, y empezó a urgirme la aguijoneante desazón de defender aquella dicha que, por fortuna, no supe preservar.

Una mañana Venusia, creyéndose sola en la habitación, descolgó el teléfono y pidió, nerviosa, conferencia con nuestros prometidos. Yo me había escondido debajo de la cama, para observar impunemente sus tobillos, lo que me producía una considerable excitación. Cuando Thais respondió, Venusia exigió que Ricardo ocupase el teléfono supletorio.

—Perdonadme, queridos, pero es necesario que hablemos los tres a la vez... Sí, sí, me encuentro bien, no os preocupéis, demasiado bien, pero ya no resisto más... Ricardo, Thais, queridos míos, me estoy muriendo de felicidad... Sí, Thais, amor mío, algo inefable, inagotable e insufriblemente hermoso... No, Ricardo, no os llamo para que me felicitéis, os llamo para que me socorráis de inmediato... Os estoy traicionando... ¿Lo comprendéis, queridos?... Oh, qué acertados estábamos, qué viaje de novios nos espera... Pero ya no resisto, os lo advierto honradamente... ¡Sí, sí, sí, con él, naturalmente que me escaparé con él!... ¿Quieres admitir, Ricardo, de quién se trata?... Exactamente, de *El Papaveras*, de mi fabuloso marido... Por cierto, que no sé dónde está y le necesito... —colgó, se acarició a la ligera y salió precipitadamente a buscarme.

Aquella tarde llegaron Thais y Ricardo. Mientras conferenciaban con Venusia, estuve paseando por la orilla del mar, apesadumbrado, rencoroso, con ese acerbo estado de ánimo que deja el reconocimiento y la aceptación de la propia inferioridad. Durante la cena me informaron de las resoluciones que habían adoptado.

—Espero, cariño, que no te resulte excesivamente molesto adaptarte a mi frigidez —me alentó Thais, al tiempo que me recompensaba con una lánguida caricia de sus afilados dedos.

—La verdad, creo que Venusia y yo llevábamos adelante con éxito la experiencia a la que fui sometido. Es más, me atrevo a pronosticar que resultará perjudicial interrumpirla. Venusia se encuentra sumamente encendida y yo no concibo la posibilidad material de abrazar otro cuerpo. Quizá para el otoño volvamos a estar un poco hartos el uno del otro y entonces será la ocasión de proseguir con los preparativos de nuestra boda.

—Para el otoño tenemos que estar casados —replicó Ricardo—. Basta de frivolidades. Lo vuestro ha sido la típica alucinación tras unos años de inactividad. No en balde en estos últimos años te has despilfarrado en bajezas y en excentricidades. Un par de semanas con Thais te curará esa rijosidad monógama. Por cierto, ¿os habéis acostado alguna vez Thais y tú?

—Me tiene un miedo raro —dijo Thais.

—Nunca —logré articular al unísono, deglutiendo esa bola que me obstruía la garganta cada vez que contemplaba a Thais más de un minuto.

—Esperemos que resulte —dijo Ricardo, con un suspiro de falsa convicción—. Venusia y yo nos vamos esta noche, porque...

—¿No sería mejor que os quedaseis, para ayudarnos con vuestra probada maestría? —propuse a la desesperada, impulsado por la infame desesperación de quien, para conservarla, vende por unas horas a la mujer amada.

—No me interrumpas, *Papaveras*. Venusia y yo regresaremos en el vuelo nocturno, porque mañana he de firmar la escritura de compra de la casa donde viviremos una vez casados. Se trata de una mansión muy adecuada a los gustos de los cuatro, en una zona muy adecuada a nuestra posición. Thais y tú os quedaréis en la casa de la Costa, intentando lo que tendrías que haber intentado hace ya muchos años, dada nuestra antigua amistad.

Venusia introdujo mi mano izquierda por la cintura de su pantalón y mis dedos se ensortijaron en la satinada maraña de su pubis. Thais introdujo mi mano derecha por el hueco de su falda y me la dejó aprisionada entre sus muslos. Dejé de escuchar a Ricardo, que continuaba eslabonando instrucciones.

—He de reconocer —dije, de repente, inundado de optimismo— que el proyecto matrimonial comienza a funcionar. Confío en que Venusia y tú vais a acelerar los trámites de la boda y os prometo que no tendréis que meterme prisa para que realice yo los preparativos que me habéis asignado.

—Eres muy amable, Lorenzo —susurró Thais.

—Celebro tu sensatez. Dentro de dos semanas, Thais volverá a convivir con Venusia y yo vendré a convivir contigo. Ojalá que para entonces hayas perdido esa reprobable costumbre de acostarte desnudo, porque no hay cosa que más deteste que dormir con un hombre sin pijama.

Cargados en dos taxis los respectivos equipajes, nos despedimos bajo la marquesina del hotel, donde unas repentinas lágrimas de Venusia, que Thais cortésmente fingió ignorar, me sumieron de nuevo en sombrías pesadumbres. Conforme rodábamos Thais y yo hacia la cámara nupcial, crecía mi sospecha de que la apremiante firma de la escritura había sido una artera maquinación de Ricardo para usurpar a una Venusia —mi Venusia— incandescente. Mientras él se estaría ya templando en el fuego que yo había encendido, la imperturbabilidad de Thais colaboraba a acentuar mi recelo. Recibidos por los guardeses de la mansión, Thais, nada más pisar el vestíbulo, comunicó que se retiraba a sus habitaciones, despidiéndose hasta el día siguiente.

A la siguiente madrugada, después de una noche doblemente horrible, ya que había perdido la costumbre de las noches horribles, exploré aquellos dominios, adquiridos mediante una especulación, que, de haber un átomo de justicia en este mundo, mantendría de por vida a Ricardo tras las rejas. Creí firmemente aquella mañana, y durante dos días más, que las interminables galerías, los pavimentos de mármol, las gigantescas arañas de delicados destellos, los cuadros, las estatuas, los salones de doradas columnas, el dorado mobiliario, el parque, el lago y sus cisnes, en fin, que todas aquellas tramoyas serían el decorado de un infierno de hielo. Y lo fueron durante los dos primeros días, en los que, de pronto, la figura de Thais aparecía y las distancias se hacían cruelmente desmesuradas o, lo que resultaba mucho más doloroso, Thais permanecía inmóvil al alcance de mis manos y mi cuerpo se paralizaba, rígido y deleznable.

Hasta que una milagrosa inspiración me hizo comprender que la culpa de tanta inercia no era imputable a la belleza de Thais, sino al colapso que su inmensa belleza provocaba en mis instintos. Así es que, súbitamente, me forcé a aceptar lo que deseaba y me lancé sobre aquella carne de piedra como si se tratase de la esponjosa carne de Venusia. Thais, impasible, permitió ser manipulada, sorbida, acribillada, deglutida, saqueada, digerida, ultrajada y mimada, doblegada. En determinado momento pasó de su frigidez habitual a una frigidez de apetitos saciados y yo, por mi parte, ante semejante fenómeno inédito, pasé a experimentar el delirio de la insaciabilidad, en el conocido estilo tantálico de Dorita.

Así, tan heroicamente, se inició aquella pasión, a partir de aquel primer asalto comenzó un combate cuerpo a cuerpo rayano en la quimera. Es que ni me lo podía creer, después de haber sido recibido en las entrañas de Thais, que *El Papaveras* hubiese penetrado en aquellas entrañas. Es más, tras los placeres que conllevaba saciar a aquella mole de hielo, venían los gozos de la melancolía. Era como vivir una existencia alegórica.

En una de ésas sonó el teléfono, y como a Thais sólo le quedaba fuerza para mantener una crispada mueca de éxtasis, respondí yo a Venusia y a Ricardo, quienes me participaron que los preparativos estaban a punto de ser ultimados. Se les notaba eufóricos, desbordantes de esa actividad febril que suele encubrir la inapetencia sensorial. *El Enterado* había accedido a interrumpir su vagabundeo y aceptaba ser el padrino de nuestra boda. Ruidosas expresiones de entusiasmo les causó la noticia de que la coordinación entre Thais y yo progresaba satisfactoriamente.

Luego, en un momento preciso, los ardores del verano, que apenas había sufrido yo hasta entonces gracias al permanente contacto con el cuerpo de Thais, hicieron que me percatase de que la prodigiosa convivencia duraba ya seis semanas, no las dos que había proyectado Ricardo. Pronto tendría que acostumbrarme a dormir con pijama. Y me parecía inconcebible, monstruoso, no despertar enroscado a las piernas infinitas de aquella mujer, por fin, mía.

Porque ahora, al fin, había descubierto la inconsistencia de mi vida pasada y, en los dulces amaneceres, iba olvidando a Venusia y a Dorita, como quien olvida en un orgasmo la ramplonería de los primeros manoseos. Cualquier ejercicio amatorio con Thais parecía nuevo, no suscitaba ninguna comparación con ejercicios anteriores. Thais abría los ojos e inmediatamente refulgía su cobriza melena. ¿Qué más podía pedir un hombre de tan triste condición como la mía para comenzar la jornada? Únicamente que la noche llegase pronto y, a la noche, entrar, placenteramente agotado y todavía insaciable, en los espléndidos sueños que soñaba siempre que algún trozo de la piel de Thais, por mínimo que fuese, me congelaba. Poseía a Thais y con Thais poseía un mundo inmarcesible.

Encontré su nota en la bañera, donde mucha lascivia acuática y no poca fragancia habíamos disfrutado. Mi primer impulso, después de leer aquellas líneas de temblorosa caligrafía, fue salir en su busca. Mi segundo impulso fue morir.

Perdona el daño que te causo. Mayor es el que me hago a mí misma huyendo del infinito embeleso que me procuras. No resisto tanta felicidad. Me mataría de seguir una hora más a tu lado. Estoy a punto de traicionar a mi marido y a Venusia, estoy a punto de proponerte que huyamos. Necesito ayuda, porque me has enloquecido. Amor, sé lo que me amas. Pronto, corazón, nos casaremos y volveremos a ser dichosos tú y yo, y ellos con nosotros, y nosotros con ellos, todos unidos para siempre, como debe ser. Culpablemente te besa por última vez tu Thais.

Entonces recordé que en los últimos días había sido cada vez más frecuente que Thais corriese por las galerías o que, erguida en una balaustrada, salmodiase con los brazos extendidos, o que un persistente rugido me despertase en plena noche, haciéndome comprender que acababa de fornicar con Thais mientras soñaba fornicar con ella. Como en aquellas primeras horas de abandono no me hallaba en la disposición de ánimo más propicia para esperar la probable llegada de Ricardo, pensé aliviar mi desolación con unas breves vacaciones. Recogí mis pertenencias y, a la caída de la tarde, en medio de esa luz esplendorosa que suele iluminar el camino de la derrota, abandoné el paraíso.

Mi intención era regresar pronto, pero el apogeo de la temporada veraniega había colmado la Costa de una subyugante variedad de sexos de toda condición, nacionalidad y usos, de modo que me entretuve poniendo a prueba en aquella babélica muchedumbre la solidez de mi pasión. Cuando regresé, necesitaba a Thais más que antes de partir y estaba totalmente decidido a casarme con tal de recuperarla, aunque fuese fragmentada y compartida. La improvisada despedida de soltero, a la que me había obligado su fuga, había robustecido mis sentimientos y exacerbado mi deseo.

Por ello, el telegrama, que me esperaba en la casa de la Costa, me llenó de alegría. Firmado por los tres, fijaba la fecha de la ceremonia y me conminaba a acudir con tiempo para que el sastre me tomase las medidas del chaqué. No dejé de cantar mientras me duchaba. Luego, por volver a paladear la buena nueva, leí otra vez el telegrama y en mi jubiloso atolondramiento se grabaron a fuego las fechas de la misiva y de la boda. Se habían casado veinte días antes. No me habían enviado ningún otro mensaje. Me precipité al aeropuerto.

En el piso de Ricardo y de Thais, así como en el piso en el que Venusia y yo habíamos vivido siempre, habitaban unos desconocidos. Tardé mucho en superar el pasmo que me produjo encontrarme extranjero en mi propia ciudad y, hasta que unos días después recordé que *El Enterado* había prometido apadrinar el enlace, estuve en un hotel.

El apartamento sólo contenía la piel de oso y una carta de Ricardo, en la que daba por roto nuestro compromiso, me informaba de que *El Enterado* había cambiado su papel de padrino por la plaza de cónyuge, que yo había rechazado, y me indicaba dónde podría recoger la escritura de propiedad de aquel cubil, que se me regalaba como indemnización por mi divorcio de Venusia, advirtiéndome de que en el futuro me sería negado cualquier otro tipo de reparación que yo pretendiese.

Y entonces comencé el viaje de retorno a la rutina. Mientras ellos cuatro navegaban por el Pacífico, yo intentaba recuperar un pasado sin esplendor. Y, conforme conseguía reconstruir a una Thais intimidante e inaccesible, recobraba a aquella Venusia de nuestra inesperada luna de miel en el hotel de la playa. Me sentí esperanzado, porque vislumbré que me acercaba al origen.

En efecto, una noche soñé con Dorita. Aguardé todavía a que la añoranza de *La Desmandada* cicatrizase los zarpazos de la memoria. Cuando la llamé por teléfono, respondió un sujeto que, sobre un fondo estruendoso, me pidió que esperase, que iba a ver si encontraba a la señora. Supuse que había equivocado el número, pero fue la voz de *La Desmandada* la que, de pronto, comenzó a gritar:

—*Papaveras*, cariño, ¿es posible que seas tú?... Cómo me tranquiliza que no te hayas matado... Disculpa este barullo, pero me has cogido en lo peor de la mudanza... ¿Dónde te metiste, descastado?... Ha sido un crucero de ensueño, no te exagero, de verdadero ensueño...

—Dorita, ¿es que tú también...?

—¿Qué quieres, *Papaveras*? Me convencieron en el último minuto... Fíjate que me casé de trapillo, sin tiempo ni para unos guantes largos... Me imagino que te sonará rarísimo: Dorita casada... Pues ya ves, hijo... Eso sí, nunca me arrepentiré de haberme dejado convencer... En realidad, tenían razón, en un matrimonio numeroso resulta más práctico que haya tres mujeres en vez de dos...

—Dorita —supliqué lastimeramente—, necesito verte, la tarde que tú quieras nos...

—Ay, no, no, de ninguna manera, Lorenzo... Somos dichosísimos y no tengo ninguna justificación para engañarlos... Perdona que sea tan brusca, pero no, *Papaveras*... A ti, el otro día lo hablábamos en casa, lo que te hace falta es conocer un grupito de gente bien, seria y ordenada, ir intimando, sentar cabeza... Eso es lo que necesitas, *Papaveras*, empezar a vivir con un poco de responsabilidad, que eres muy irresponsable tú y ya no estás en edad de ir saltando de cama en cama... Y además, que tienes que hacerte una posición... Me temo que estarás fatal de dinero...

Mi pobreza era tan mísera que vendí la piel del oso. Mi pesadilla más agradable consistía en que la viuda del magistrado entraba desnuda y con bozal en mi dormitorio, ofreciéndome las fauces de sus pechos. Despertaba, sofocado y sudoroso, y escuchaba, para distraer el insomnio, aullar al otro lado del tabique. ¿A la viuda, al perro, al espíritu del magistrado? Durante el día el silencio me provocaba desvanecimientos y la soledad hacía que me olvidase de mí mismo, hasta el extremo de que tenía que colocarme delante de un espejo para recordar que yo era Lorenzo, *El Papaveras*.

No obstante, parece que el verano está acabando, porque algunas veces llueve o el frío me despierta, y sé que no es Thais, sino el frío de las noches de otoño, lo cual me permite quedarme despierto, pensando en ellos ya con sosiego, imaginando sus noches, calculando que probablemente esté yo mejor soltero que no participando sin pausa en el enorme ajetreo que debe de ser un feliz matrimonio de cinco.

Las variaciones del uno

El mismo día en que llegó la democracia decidió tomarse algunas libertades. Empezó por encarar sus represiones más familiares y, así, por las buenas, se permitió entrar en unos grandes almacenes, hibernar las viejas amistades y arrinconar sus estudios socioeconómicos, llevar corbata y limpios los zapatos, leer las novelas de Vázquez Montalbán, salir por las noches, eliminar los vinos manchegos y el tabaco negro, escuchar únicamente la FM, no volver la cabeza por la calle cada veinte metros, a ratos quererse un poco a sí mismo y a ratos pensar boberías, suspirar. No tenía otra intención que celebrar la llegada, por fin, de la democracia, ni otro propósito que, tras aquellos festejos, reanudar sus inveteradas costumbres de persona nacida para sacrificarse por un mundo mejor.

No tardó en percatarse de que, habiendo ignorado desde su nacimiento en qué consistía, la realidad cotidiana de un país libre resultaba muy distinta a lo esperado. Por lo pronto, encontró la capital muchísimo menos madrileña, los taxis muchísimo más caros y, para su tranquilidad, inconclusa la catedral de la Almudena. Se tomó a beneficio de inventario el estricto cumplimiento de la náusea de la oficina y, de repente, hubo lunes que le parecieron viernes. No subió al alto Guadarrama durante las vacaciones, que, por vez primera en su higiénica existencia, pasó al fresco de agosto, atiborrándose de calamares fritos, jugando interminablemente partidas de garrafina y durmiendo siestas catalépticas. Precisamente de tanto dormir se le limpió el cerebro y recobró el juicio.

En efecto, meses después de ejercitar la democracia, comprobó que sus pesadillas recurrentes habían desaparecido. Incluso algunas desaparecieron de su memoria diurna. Ni sonaban timbres de madrugada, ni se comía papeles, ni le obligaban a mostrar ante una reprobadora mayoría silenciosa sus manos manchadas de tinta de imprenta. Todavía, muy de vez en cuando, se encontraba en una reunión, convertido en estatua por una voz que fluía como un hilo de araña. Pero, en el sueño actual, alguien reía, alguien (nunca él) movía el índice como un metrónomo; sobre todo, la reunión ahora se deshacía espontáneamente y las estatuas abandonaban un salón-comedor de muebles coloniales y multiplicadas reproducciones del *Guernica*, vociferando cantos gregorianos.

Este considerable alivio le impulsó a proseguir por la senda de la libertad. Uno no puede volver a cerrarse voluntariamente los grilletes. Y después de contabilizar sus ahorros de soltero ascético, vacilante y temeroso (no en balde uno ha oído durante cuatro décadas que de la libertad al libertinaje sólo hay un paso), adelantándose a un probable despido por expediente de crisis, solicitó y obtuvo la jubilación anticipada. Fue una mañana invernal y jamás sintió más caliente la sangre.

No tenía nada que hacer en una España determinada a reindustrializarse mediante la recolocación en el paraíso terrenal del mayor número posible de ciudadanos. Como tenía pasaporte, viajó con pasaporte, atravesando fronteras con la desenvoltura del que cruza con el semáforo en verde. De sus viajes regresó amando democráticamente la democracia, algo aburrido y patriota. Encontró la capital un poco más madrileña, escandalosamente caros los taxis y, para su inquietud, el anuncio de que se reanudaban las obras de la catedral de la Almudena.

A lo largo de una de sus livianas jornadas

se le ocurrió (instintivamente, como fructifica siempre la semilla de la desdicha) que, siendo un hombre, no es bueno que el hombre esté solo. Lo cierto es que lo estaba por culpa de su propia disponibilidad, incompatible con los horarios laborales de los amigos. Volvió, más que por salvar el mundo por matar el tiempo, a sus estudios socioeconómicos, pero en unas semanas le amargaron la vida, en parte porque los estudios socioeconómicos en un país libre no tienen otra utilidad que aplicarlos desde una poltrona para amargarle la vida al contribuyente, en parte por escrúpulos de conciencia, ya que ¿cómo puede estar uno seguro de que democracia y socioeconomía sean realidades congruentes?

A resultas de tan irrebatible conclusión, decidido a no perder ese gusto por la existencia que proporciona la libertad, abandonó los estudios y se aplicó incontinentemente al vagabundeo callejero. La soledad de su pensamiento (uno no puede estar siempre pensando boberías) le aislaba en la muchedumbre. Ahora bien, dado que todo paseante en corte ha de recalar cada tanto en parques públicos o bares donde restaurar las energías consumidas por la ociosidad, acabó por descubrir la inmensidad de gente tan disponible como él, que contenía la ciudad. Y, como Saulo del caballo, se cayó del taburete.

De su juventud le quedaba la sensación de que aún era joven, ese efecto retardado de la lozanía que retrasa, cuanto puede, la conciencia de que uno ha malgastado la juventud. En consecuencia, al poco de frecuentar bingos y ruletas, festivales y discotecas, bailes de viudas, bailes de separados, rastros y rastrillos, una avalancha de nuevas amistades le llevaron al convencimiento de que había vivido sin vivir en sí, sin sospechar quién era.

Durante sus años obscuros (a la luz del presente lo veía) la ciudad se había llenado de un vecindario como importado desde algún ignoto barrio de la galaxia. Tenía la impresión de haberse pasado la vida sentado en una butaca de las últimas filas del Gran Teatro del Mundo y, de improviso, se había alzado el telón (que, para él, había constituido hasta entonces la única verdad). Se le fue el primer acto en captar que la obra —esplendorosa— no tenía sentido alguno. Tuvo que tomarse algún descanso, hacerse perdonar tropiezos y equivocaciones, reciclar su cuerpo y su mente, antes de que fuese aceptado como personaje de la comedia.

Se había considerado, en su soledad, el hombre más libre del Estado de las Autonomías y, al participar en el elenco, encontró una cantidad inconmensurable de hombres y de mujeres más libres que él, una desaforada cantidad de exentos a jornada completa, una inmensidad pampera de argentinas llamadas Delia o Noemí, de tibetanos, de mediterráneos que habían peregrinado al Tíbet, de pacenses que a Marruecos. En una palabra, se zambulló en la vorágine de la especie y género humanos. Fue muy feliz entre sus nuevos semejantes.

Al menos, no se cansaba de proclamarlo. Con los jóvenes de su sexo las dificultades de entendimiento no fueron mayores, puesto que, por muchas vueltas que el planeta hubiera dado, en su rodar había arrastrado consigo vestigios y ancestros. En cambio, si bien encandilado durante una primera fase por la juventud del sexo contrario, le costó asimilar que aquella generación de mujeres se comportara con él como él se había comportado con las mujeres de la generación anterior. Pero, supeditando a las leyes sociales las de su naturaleza, se acomodó al tráfico carnal de uso y costumbre. Y una madrugada amaneció en una buhardilla desconocida plenamente integrado en la modernidad.

Es más, se trasladó a la buhardilla a cohabitar con la pareja de diseñadora y diseñador de modas sin prejuicios que la ocupaban. Cuando se hartó de trapos, mantuvo un noviazgo forzoso, un adulterio obligado, soportó una pasión, se enamoró grupalmente, huyó de quien le convenía y persiguió a quien le rechazaba. Había retornado, eso sí, a su hogar, que ya se había transformado en un hogar de puertas abiertas. Allí, donde exclusivamente había recibido a la clandestinidad, mantenía ahora conversaciones mortalmente espirituales con budistas tropezados en el pasillo, o sorprendía en la cocina, desayunándose una lechuga, a un ser imposible. Indiscutiblemente, era muy feliz.

Y no permitía a nadie que le discutiese que aquella felicidad tenía por fundamento la democracia. En las horas más profundas de la noche se aficionó a salvar el sistema democrático, pues uno, que era ya totalitariamente demócrata, por defenderlo estaba dispuesto a colaborar con el más férreo autoritarismo. Sin embargo, como el alpinista que necesita reponerse del límpido aire de las cumbres respirando la humedad de los sótanos, alguna tarde se vestía pana y bufanda, recuperaba su antiguo lenguaje y sus antiguos ademanes, buscaba a los viejos amigos, para comprobar si ellos también habían evolucionado. Los pocos que quedaban, muy poco. Afortunadamente para España (se atrevía a pensar, mareado, cuando el límpido aire de la libertad olía demasiado a ropa vaquera).

No obstante, una divorciada de terciopelo y

perlas bastó para recuperarle de aquellas recaídas en las tinieblas del pasado. Y, de nuevo, rechazaba la más mínima crítica. Se exasperaba, si alguien dudaba de que el país no fuera un país dichoso, con taxis baratos, cultura gratis y catedrales en construcción. A fuerza de defender la democracia, cobró fama de adalid. Su democratismo inquebrantable se fue extendiendo de círculo en círculo, hasta llegar a las zonas oportunas.

Una noche, con la divorciada engarabitada como un mandril hembra a sus hombros, imponiendo sobre las conversaciones del salón su voz, zanjó la discusión de moda mediante esta sentencia (cuyo proceso asociativo resultaba obvio):

—Prefiero mil veces más ser otanista que ser onanista.

Al día siguiente se le convocó. Se resistió, alegando que sus estudios socioeconómicos resultaban insuficientes para tan abrumadora tarea. Insistieron. Exigió los medios pertinentes para llevar a cabo tarea tan abrumadora. Se los prometieron. Aceptó el sacrificio. Actualmente (sin tiempo para recordar que él nunca lo fue) enseña a los administrados a ser libres.

Rebuznos de conciencia

Una noche, veinte años después de que Nonona le hubiese robado el alma y apenas transcurrida una hora de que le hubiera regalado su cuerpo, Hernando sufrió un grave rebuzno de conciencia. Tan intenso resonó el bocinazo del animal y tan desprevenido cogió a Hernando que, cubierto de repentino sudor, temió que Nonona, dormida sobre su pecho, despertase. Se arrojó de la cama y, puesto de hinojos, suplicó Hernando al cielo que acallase a la bestia. Partidario de la previsora norma de ayudarse a sí mismo mientras llega la ayuda ajena, salió del dormitorio en pijama, atravesó la casa y recogió en la biblioteca el folleto *(Enfréntese a la fiera, no huya)* que le habían entregado en Harvard al final del cursillo sobre higiene de los adentros.

Febril, con el corazón recién coceado, regresó Hernando al dormitorio y, manoseando el folleto cuyas instrucciones sabía de memoria, contempló el cuerpo amado, ahora boca abajo y en el borde de la cama. Dos décadas de aplicación matrimonial no habían mermado un ápice el embelesamiento mutuo. Por algo constituían la ejemplar pareja, cuya dicha patente suscitaba en sociedad envidiosas murmuraciones. Pero Hernando, percatándose de la pantanosa afectividad en la que se hundía, rechazó toda complacencia, como el folleto de Harvard ordenaba, y decidió, aun no siendo horas de encararse con la realidad, coger a la burra por las orejas. Por lo pronto, con una lima de uñas, abrió el cajón secreto del tocador de Nonona.

Además de la llave del piso de arriba, encontró un tarjetón perfumado, en el que estaba escrito *Te amo (Le odio, Le odio), Te amo*, con la inconfundible caligrafía de Romerales, psicoanalista a sueldo de Nonona. Abandonó el folleto de Harvard junto a la misiva, se puso la bata para la incursión al temible territorio y subió la escalera con el sigilo y la gallardía de un cazador de panteras. Nada más cerrar la puerta, encendió las luces, que le deslumbraron, aunque no tanto como le sobresaltó el abigarramiento de los dos primeros salones.

Prácticamente era imposible moverse por aquel almacén de objetos y muebles relucientes, sin estrenar. Hacía un año, quizá dos, que Hernando no entraba allí. Tuvo que sentarse en una butaca egipcia, de la segunda dinastía tebana, y cerrar los ojos. Desde un par de medias de cristal, sustraídas en su adolescencia de una mercería de barrio, Nonona había reunido un museo de productos de la Industria, el Comercio y las Artes. ¿Cómo podía ella sola apropiarse de, por ejemplo, aquel rifle, aquel bargueño, aquel falso Murillo, aquella columna de seis altavoces, aquella lámpara de cristal y bronce, aquella alfombra turca de seda, la propia butaca lotiforme en la que Hernando se sentaba? ¿Cuántos siglos de cárcel, de acuerdo con la ley humana, y cuántos milenios de fuego, de acuerdo con la divina, merecía aquella acumulación? ¿Quién, además del inepto de Romerales, colaboraba en la descomunal cleptomanía de Nonona? Hernando huyó a trompicones, tirando del ronzal de su conciencia.

Siempre en el borde, como la más decorativa moldura de la cama, Nonona continuaba dormida. Cayendo otra vez de hinojos, Hernando besó los pies de la durmiente y sólo cuando se comprometió consigo mismo a parlamentar sin demora con Nonona logró conciliar el sueño. A la hora del desayuno, con el retraso habitual y el esplendor acostumbrado, Nonona se sentó frente a Hernando, en el momento en que Hernando había decidido aplazar hasta la cena la transcendental conversación.

—Ya he visto, cariño, por cómo has dejado el dormitorio, que anoche tuviste una de esas crisis tuyas. Te estás destrozando, amor mío. ¿Reconoces que esa gente de Harvard, además de carísima, ha resultado tan inútil como Romerales? Me gustaría sacarte del apuro, te lo prometo, pero en cuestión de remordimientos yo es que para nada.

—Anoche —dijo Hernando, con ronca entonación—, después de descerrajarte el tocador, estuve en el piso de arriba.

—Como lo siento, hijo, porque lo de arriba está imposible. Si me lo hubieses avisado, habría tratado de arreglar un poco ese batiburrillo. Tú mismo habrás comprobado que ya no cabe ni un alfiler de brillantes.

—¡Nonona! —exclamó Hernando—, un poco de pudor...

—Hernando, yo no soy una ladrona —exclamó Nonona—. A mí, lo que me ocurre es que me paso el día sola, que estoy más sola que la zona bancaria un sábado por la tarde. Sí, sí, ya sé que me dedicas todos tus ratos libres. Pero, Hernando, cielo mío, y no es que yo quiera darte el día ya desde por la mañana, ¿por qué no admites que, a tu edad y en tu posición, si un hombre necesita trabajar diez horas diarias para multiplicar su dinero, es un fracasado? No busques en mí la causa de tus congojas, sino en ese algo, misterioso e indecible, que tú y yo no compartimos. Y, por favor, procura venir temprano a cenar, ingrato, que en cuanto cierran las tiendas me desespero de aburrimiento.

Entre télex y télex, entre teléfono y teléfono, Hernando tuvo ocasiones de reflexionar lo suficiente para llegar a la conclusión de que Nonona era la más preciosa e inagotable fuente de riqueza que poseía. A media mañana le envió rosas, a media tarde un alfiler de brillantes y, mediante el sistema de distribuir su trabajo entre sus colaboradores, consiguió llegar a casa a las ocho.

—He pensado comprarte el piso de más arriba del de arriba, para que puedas tener ordenadas tus cosas.

—Te amo, Hernando —agradeció Nonona—, aunque me parece que te equivocas. ¿Cuánto permanecerá tersa tu conciencia, después de la depilación a la cera a la que la has sometido? Pero no me hagas caso, que yo no entiendo de esos problemas tan enrevesados y, encima, hoy que tengo la suerte de tenerte para mí a las ocho y cuarto, es que no quiero ni oír hablar de borricos.

Disfrutaron de una agradable velada y, llegado el momento de desnudarse, Hernando, guareciendo a Nonona entre sus brazos, le preguntó con susurrante picardía:

—Anda, ricura, cuéntame cómo lo haces.

—Pero qué bobería, Hernando. Tú es que a mí me has tomado por una vulgar mechera. Y no, malpensado; que ni empecé ayer, ni he descuidado estar a la última. Si es sencillísimo, tontorrón. Hago que los de la propia tienda me envíen las cosas a casa. Y hasta doy propina a los chicos.

—Eres maravillosa, Nonona.

—Que me educaron bien, Hernando, y desde muy pequeñita me enseñaron formas y a no crearme conflictos conmigo misma. Lo natural es natural y la prueba de que lo mío es de naturaleza está en que un psicoanalista tan renombrado como Romerales lleva años hurgando, para nada, dentro de lo que no tengo.

Noche feliz aquélla, si no hubiese sido porque, en lo más dulce de sus profundos sueños, dos feroces rebuznos dejaron a Hernando sentado en la cama, sudoroso y temblón, gritando:

—¡El onagro, el onagro...!

Nonona despertó y, de inmediato, le prodigó sus caricias, le trajo una taza de tila y el folleto de Harvard, fue calmando la angustia de Hernando hasta quedarse de nuevo dormida. Hernando, en lo más crítico de su ahogo, había estado a punto de confesarle a Nonona que nada misterioso les separaba, sino les unía, que ambos eran iguales y no había otro misterio. Pero Hernando, recordando a tiempo la inconveniencia de la sinceridad con el ser amado, calló. Y con las primeras luces del día salió subrepticiamente a enfriar la desazón y a pasear el insomnio.

—Al alcanzar cierta edad —por el parque desierto, oía Hernando la voz del director del cursillo—, si también ha alcanzado usted un respetable nivel de fortuna sin haber eliminado por ello escrúpulos de origen atávico y conformación morbosa, acepte con sencillez que padece usted un defecto de ensamblaje con la armonía cósmica. Recuerde, en segundo lugar, que este tipo de dolencia, aunque a pocos, ha llevado a personajes de su categoría a cometer excentricidades, místicas o sociales, es decir, a la ruina. En tercer lugar, no se alarme. Pero encárese, sin complacencias ni disimulos, como un hombre, con la bestia que usted mismo alimenta.

El aire fresco de la mañana le facilitó a Hernando recuerdos de otras madrugadas en la fría capilla del internado. Luego, ya en su despacho y recurriendo a influyentes amistades, logró Hernando hora para confesión con el joven abate Alejo, cuyo carácter severo pero comprensivo, mundano pero inflexible, operante, le había convertido en el más solicitado de los guías espirituales. Asediado por ofertas de empleo como capellán de familias, el abate Alejo tuvo a Hernando apoyado en la portezuela de su confesionario, cuando ya Hernando había dispuesto de más de una semana, entre rebuzno y rebuzno, para aclararse la conciencia.

—Sin pecado concebida. Hace más de treinta años que no me confieso, padre —comenzó Hernando a largar por delante—. Y yo, padre, necesito de la confesión con igual frecuencia que necesito de mi esposa. Casado con una ladrona redomada, que se finge cleptómana para entretener sus horas vacías con el psicoanalista, abandoné, bajo innobles subterfugios, este sedante sacramental cuando yo ni sospechaba que a la penitencia del matrimonio debe seguir el alivio del confesionario. Porque, escúcheme bien, padre, el cleptómano reprimido lo soy yo.

—No sólo suelo escuchar bien, hijo, sino preguntar con tino. Dime, ¿a quién te reprimes de hurtar?

—A sus colegas, padre, y siempre en trance de confesión. Adquirí tan abyecta costumbre en los años del bachillerato, facilitada por la ausencia de confesionarios en los internados de la época. Arrodillado sobre las gélidas losas, con el paternal brazo sobre mis hombros, mientras desgranaba el rosario de mis culpas, de los hondos bolsillos de la sotana de mi confesor, oh, vergüenza, sacaba un pañuelo, una petaca, un chisquero de mecha, una cajita de pastillas contra la tos, rapiñas que, si el asunto se ponía feo, abandonaba sobre el altar.

Una vez descargado de tal peso, adoctrinado Hernando convenientemente a fin de que frecuentase a placer el confesionario sin temor a parecerse a la mujer amada y psicoanalizada, el abate le mandó ir.

—¿Sin ninguna penitencia, padre?

—En el pecado la has llevado y aligerado vas ahora —replicó el sabio Alejo.

Nada más pisar la calle, Hernando sintió, efectivamente, una ligereza de espíritu muy reconfortante. Con gesto mecánico se llevó la mano al corazón y palideció. Le había desaparecido la cartera del bolsillo. Su primer impulso fue volver al templo. Pero (no en balde estaba limpio) reprimió su cólera.

Paso tras paso, meditando, advirtió que estaba ante una parada de autobús, vehículo que no recordaba haber utilizado jamás y al que subió, cuando vino. Comprimido por la masa de viajeros, Hernando aspiraba el olor a humanidad y sonreía. Al descender, se echó mano a la cartera, que no llevaba, se palpó el traje, gritó que le habían robado y, en segundos, congregó a su alrededor un grupo de airados ciudadanos que imprecaban contra la falta de seguridad que soportaba la gente honrada.

Una semana más tarde, antes de aproximarse al confesionario del abate Alejo, encontró Hernando sobre el altar su documentación. Para entonces Hernando era consciente de que, por fin, vivía encajado armónicamente en un mundo bien hecho, desasnado.

En forma de mujer

Se nos apareció una noche de aquel verano, primero que pasábamos privados de nuestra maravillosa y sórdida juventud. Era una noche más de un verano infinito, como los veranos de entonces, especialmente inquietante, ya que todos nosotros, salvo Luis Fernandito, llevábamos unos meses disfrutando de nuestros primeros sueldos. Manolo, que diez años más tarde se casó un poco, nos confesaría, durante la cena de despedida de casado, que tan presente tenía la imagen de ella, desde la noche en que se nos apareció, que, cada vez que había cumplido, lloraba.

—Ahora me explico —comentaría Bernardo— que tu mujer se te haya largado. Pero te comprendo, Manolo.

—Yo —confirmaría Rufo—, si me viene en pleno acto la imagen de Apoteosis, no es que rompa a llorar, es que me desmayo.

Estábamos en la terraza de Rosales, desvencijados en los sillones de mimbre, dejándonos llevar por la noche, apacible y borrosa, como eran las noches de verano de aquellos tiempos en que comenzábamos a pasar del coñac a la ginebra por la mediación del *gin-fizz*. Debía de ser tarde, porque las chicas se habían ido a sus casas hacía un buen rato. Aunque apenas sonaba, se oía la ciudad con la nitidez que en aquella época tenían los ruidos nocturnos. La abulia nos deslizaba hacia la modorra y, a pesar de que avanzaba peligrosamente la hora de entrada a la oficina, allí perdurábamos, poniendo a prueba mediante el noctambulismo nuestra reciente independencia de la familia. Ni siquiera percibimos que Rufo se había alejado hacia el grupo escultórico de la Infanta y quizá ni siquiera esperábamos ya, como entonces esperábamos de todas, que la noche resultara excepcional. Y, de repente, apareció, escoltada por Rufo.

De las infinitas frases, con las que en el transcurso de los años venideros tratábamos de explicarnos aquel prodigio, recuerdo que alguien dijo (quizá yo mismo):

—Lo espeluznante no es que sea bellísima, sino que tiene una belleza inicua.

(Así hablábamos entonces.)

Se sentó, al tiempo que nosotros nos levantábamos de los sillones. Nos volvimos a sentar. Con voz asfixiada, Rufo masculló:

—Se llama Beatriz.

De nuevo en pie, fuimos uno tras otro estrechándole la mano, con ese recelo ectoplasmático que suscita el contacto con un ser de evidente origen estelar. Anonadados, mientras le rendíamos una babeante pleitesía, comprendimos que nuestras vidas habían cambiado para siempre.

—Pero ¿cómo la has encontrado? —le preguntamos a Rufo aquel amanecer.

—Y yo qué sé... Surgió de las sombras. Yo me estaba abrochando, sentí moverse el parterre que hay detrás de la Infanta y la vi allí. Me acordé de cuando en el colegio rezaba para que no se me apareciesen ni la Virgen, ni los santos. Porque me conozco. Y, en efecto, yo no tengo preparación para relacionarme con el otro mundo.

—¿Qué hizo ella, imbécil? ¿Qué hiciste tú, que, encima, majadero, te dejaste sorprender a medio abrochar la portañuela?

—Nada. Nos pusimos a andar juntos. Dijo que se llamaba Beatriz. Yo pensaba en el susto que os ibais a pegar. ¿Veis como no era una manía tonta —añadió Rufo, con una sonrisa y una incongruencia de enajenado— ir a hacer menores a lo de la Infanta?

Quince años más tarde Rufo decidiría jubilarse prematuramente, buscando en la falta de responsabilidad la irresponsabilidad de la juventud perdida, una disponibilidad completa para intentar el olvido. Fue el más congruente, pero el anacoreta de él pronto se sentiría tan frustrado como antes, tan confuso como nosotros.

—Puede que sea un espía ruso, disfrazado de mujer divina —especuló ya Bernardo durante aquella madrugada.

—No tiene acento ruso —replicó Manolo.

Pero ¿oímos su voz aquella primera noche? Apoteosis (como pronto habría de bautizarla Rufo) era poco locuaz, normalmente hierática y justificadamente altanera. El verano se nos fue en un soplo. Luis Fernandito se había enclaustrado a preparar las oposiciones. En la terraza de Rosales, siempre en colectividad recelosa, velábamos junto a Beatriz, la acompañábamos hasta su casa, callejeábamos, enredados en especulaciones de madrugada. Permanentemente inmutable, Apoteosis, sin embargo, nos espoleaba al morbo imaginativo. La supusimos el Ángel caído, una apariencia nigromántica, una infiltrada de la masonería, la Muerte, la nieta de Marlene o la hermana gemela de Marilyn, una alucinación transitoria.

Al comienzo del otoño las chicas dejaron de ponerse al teléfono, cuando, esporádicamente y desesperados, recurríamos a ellas. A cambio, Apoteosis nos cogió un cariño estable y raro, una especie de costumbre. Poco a poco, fuimos dejando de contemplarla en silencio y volvimos a las conversaciones enmarañadas y a las disparatadas discusiones. A veces, sin querer saber por qué, nos encolerizábamos; a veces, a mitad de una argumentación brillante, el orador miraba a Apoteosis y enmudecía. Ella, en los momentos críticos, restablecía la paz exterior con un breve vuelo de sus manos.

—Nos hizo muy felices —mentiría Manolo doce años después, cuando acabó con su segundo tratamiento, a causa de haber retornado desde el whisky al coñac.

A finales de aquel otoño se produjeron las temidas iniciativas de apartamiento de la presa. No recuerdo, después de tantos años y de tantos fingimientos, quién fue el primero que intentó el usufructo exclusivo de Apoteosis. De mis tardes con ella sólo puedo confesar que alcancé unas cotas de ineptitud vergonzosas. Pronto estuvo claro que Manolo, Rufo y Bernardo habían igualado mis fracasos. Y es que, después de haber logrado separar a Beatriz del común, uno se encontraba a solas frente a la inaccesibilidad; aún peor, frente al riesgo de que, por puro milagro, Apoteosis, en la butaca del cine o en la pista de baile, se le humanizase a uno.

El grupo no se desintegró, pero dejamos de

vernos si ella no estaba presente. Apoteosis había herido de muerte nuestra amistad. Nosotros mismos, cegados por la competitividad propia de nuestro sexo, habíamos cometido el error de afrontar en solitario la intimidación que colectivamente apenas sobrellevábamos. De tal manera caímos en los juegos de la emulación que, en un par de años, parecíamos una bola de gusanos cubriendo el fruto que nos alimentaba y nos adormecía.

—Nos hizo muy desgraciados —mentiría Manolo quince años más tarde, cuando un cuarto tratamiento le dejó abstemio y con un pie en el hoyo.

Pero mucho antes, el día más trágico que recuerdo haber vivido, Bernardo, nada más firmar como testigos, tuvo un arrebato de síntesis en la propia sacristía y, mientras Apoteosis se perdía como una nube de espuma por la nave del templo, nos lo explicó:

—El Destino nos ha enviado, bajo la apariencia de mujer, a este ser imposible, porque somos unos tipos de naturaleza más proclive a la comodidad resignada que a las posibilidades vulgares.

—O sea —preguntó Rufo—, que, si yo he entendido bien, tú sostienes que Apoteosis para nosotros es una dádiva del Destino.

—Exacto —confirmó Bernardo.

—Pues el que sostenga, precisamente hoy,

que esa zorra es una dádiva, a mí particularmente me parece un cornudo.

El matrimonio de Beatriz recompuso nuestra amistad, nos devolvió, con seis años de retraso, a la vida. Gracias a que, unos seis años después de que Rufo sacase a Apoteosis de las tinieblas del Parque del Oeste, Luis Fernandito aprobase el último ejercicio, pudimos creernos que volvíamos a ser los de antes. Lo aborrecimos no tanto por haberse casado en ella, sino porque, nada más verse aprobado, telefoneó a su mamá, le pidió la venia y desde la cabina se trasladó a casa de Apoteosis, donde solicitó y obtuvo la mano.

—Hay que reconocer que el sarnoso de él ejecutó la opcración con premeditación y sin titubeos. Y ahora, ¿aceptamos o no aceptamos la invitación a cenar en su casa? Yo —concluyó Manolo— soy partidario de aceptar, no vaya a creerse ese tirillas que estamos dolidos.

Fuimos a cenar. Durante los próximos años no dejamos de ir a cenar cada vez que nos invitaban. Si manteníamos durante una temporada las ilusiones, acompañados. Nuestras acompañantes indefectiblemente odiaban a Apoteosis y, a los pocos meses, prescindíamos de ilusiones vanas y volvíamos solteros a las cenas. Con los años aquel comedor recordaba a la terraza de Rosales, a aquellos silencios embelesados, al recogimiento con el que adorábamos la belleza invariable.

La inmutabilidad de Luis Fernandito nos enmascaraba el paso del tiempo. Notábamos siempre tarde el nuevo nivel en su ascensión, su locuacidad pontificadora, la suntuosidad de los nuevos comedores en las sucesivas casas. Y mientras (Manolo se casaba y el ajenjo le sacaba de la abstención, Rufo se jubilaba, a mí me daba por la música) envejecíamos. No obstante, allí estábamos, escuchando a Luis Fernandito sus disertaciones (cuando se dedicó a los Círculos de Estudios):

—A quien sea español le basta con esperar a que le suceda lo que esté sucediendo en Francia.

—Pues, oye, es una ventaja ser español —se admiraba Bernardo, que había elegido la vía de la adulación al marido.

—A la oposición le faltó rigor y le sobró desgana democrática. Nosotros traemos, ante todo, entusiasmo —nos arengaba Luis Fernandito en la sobremesa, cuando ya tenía escolta y Apoteosis en las recepciones oficiales era tomada por su hija.

Entonces ocurrió que al cuñado de Rufo le comunicaron la fecha del embargo de su taller de zapatillas por impago del correspondiente crédito hipotecario. Riguroso y entusiasta, Rufo pidió audiencia a Luis Fernandito.

—¿Te lo ha arreglado? —preguntó Manolo, cuando Rufo volvió a la cafetería donde le esperábamos.

—No —pero parecía contento—. Me ha explicado que es preferible que sea un amigo, y no un enemigo, el que no te haga un favor. Porque el poder no tiene amigos, sino que mira sólo por los intereses generales.

—Me esperaba que lo dijese —dijo Bernando—. Y tú ¿qué le has contestado?

—Pues, mira, majo, mientras tú te dedicas a los intereses generales, yo me he dedicado a tu mujer, porque descubrí que ahí es por donde a ti te ha timado el Destino. Y, a la segunda cita, la Apoteosis resultó que, además de tener apariencias de mujer, es una mujer. Eso le contesté y os juro que se quedó blanco como la nieve.

—Bien urdido.

—Se merecía el navajazo, aunque fuese de farol.

—No es un farol —murmuró Rufo—. Él era el último que Beatriz y yo hubiésemos querido que lo supiese. Pero, carajo, es que estaba yo muy desesperado con lo del embargo de mi cuñado, tenéis que comprenderlo...

Pero, para entonces, la vida nos había dejado tan pálidos que a ninguno de los tres se nos notó que habíamos empalidecido.

El regreso de los bárbaros

No en balde habían madurado los últimos veintidós años unidos en matrimonio. Fue lógico, por tanto, que con una mirada ambos adivinasen que ambos habían sufrido la misma revelación en el transcurso de aquel día. Acababa un martes, babeante de esa sibilina dualidad del comienzo de la scmana que hace del tiempo una carga inacabable y transmite a la vez una asfixiante fugacidad. Abrumados y ahogados, dejaron de mirarse, porque, además de evidente, resultaba insultantemente mimético que, justo en el mismo día, los dos hubieran decidido abandonar familia y hogar.

Si Antonia había empleado más horas de las previstas en gestiones de ventanilla y compras en arraigadas tiendas del centro de la ciudad, Miguel había consumido el crepúsculo en regresar de una inspección a una sucursal de la periferia. A Miguel, durante el atasco circulatorio, y a Antonia, mientras le medían la bayeta para unos faldones de camilla, les había alcanzado la clásica certidumbre de la vacuidad de la existencia. Y al instante, como no deja de suceder cuando se es poseído por tan repugnante convicción, tanto Antonia, ante el mostrador, y Miguel, ante el volante, tomaron la decisión de cambiar radicalmente de vida. Si da lo mismo apostar al rojo que al negro —pensaron ambos, con música de tango—, o se abandona el juego (lo que tampoco) o se le roban unas fichas al distraído compañero de mesa.

Después de una noche de mucha conversación y maletas, Antonia y Miguel convocaron un desayuno de despedida. Ni la Teo faltó, por ser lunes, miércoles y viernes sus días de asistencia a aquella familia, cuya disgregación pareció segura cinco años antes y que, desde hacía cinco años, no había dejado de aumentar. En efecto, durante el último quinquenio Miguelito a sus quince de edad había elegido la independencia, imitado a los pocos meses por Toñita y, en cuestión de semanas por la misma Teo que, habiendo proclamado no aguantar a la señora, no la aguantó.

Al cumplir los dieciocho retornó Miguelito, quien se declaró recién viudo y puso en brazos de los padres una primera nieta. Para las mismas fechas la Teo ya aguantaba de nuevo a la señora tres días a la semana y poco después Toñita retornaba al hogar, aportando a la familia un arqueólogo de muy buen carácter.

A lo largo del último desayuno, Miguelito asumió el (honorífico) título de cabeza de la familia y Toñita, que albergaba en sus entrañas una pieza de seis meses, anunció que el arqueólogo y ella ocuparían desde esa misma noche la alcoba de sus progenitores. Flora y Fauna, las dos pequeñas, en consonancia con los postulados de la novísima ideología, desaconsejaron fogosamente a sus padres la renuncia a la segura comodidad de aquella casa. Y, entre las risas de la nieta y las lágrimas de la Teo, partieron Miguel y Antonia en sendos taxis rumbo a sus nuevos y sendos destinos.

Mientras en el hogar amputado se experimentaba esa holgura que suele equivocarse con la libertad, Antonia y Miguel sentían ese rejuvenecimiento de los que, huyendo, creen escapar. A pesar de que nunca hubo más de un aeropuerto en la ciudad, los dos se asombraron al encontrarse en la misma cola de facturación de equipajes, coincidencia que, tras haber viajado en el mismo avión a la misma isla, se repitió ante la misma cinta transportadora de equipajes. Por ahorro, ahora en un mismo taxi llegaron a la montaña, primero Antonia a la granja comunal de la ladera sur y, media hora después, Miguel al cenobio de la ladera norte.

Impulsado por el ímpetu del neófito, a Miguel se le fueron los primeros tiempos de absoluta inactividad con la celeridad de las antiguas vacaciones. Apenas recordaba el mundo en el silencio de su umbrío retiro y, cuando un recuerdo inconsciente le traía la memoria de dónde había vivido, Miguel se felicitaba de haber perdido a la gente pequeñita e ingeniosa del trajín cotidiano y rezaba por ella. La blanda irrealidad de sus horas solitarias le sumía insidiosamente en la beatitud. Se mineralizó. Sometió su nirvana a extravagancias fijas: abrocharse antes los botones pares que los impares, trasladar de hormiguero diariamente tres hormigas, trabajar diez minutos en la huerta o visitar durante una hora el gallinero, afeitarse de perfil. Llenó de días vacíos la vacuidad de la existencia.

Y mientras Miguel erraba del tedio a la bobaliconería, Antonia apenas si podía disfrutar de las melancolías que siguen a los placeres. Le parecía increíble, a su edad, la accesibilidad de los cuerpos, su inagotable facilidad. Se bronceó, se estilizó y, cuando inconscientemente recordaba dónde había vivido hasta entonces, maldecía a la gente mezquina y viscosa del combate cotidiano, que ella había llamado sus semejantes. Amó tanto a quienes la amaban que llegó a saber del amor que no sabía nada. Mecida por la realidad, desligada de las convenciones y rigiéndose sólo por el tiempo de la dicha, Antonia olvidó la muerte y, por ello, dejó de agusanarse y horadarse. Tendida sobre la arena, algunas de esas gentes líricas que abundan en las playas la tomaron por Venus, precisamente en los instantes en que ella, desmelenadamente perceptiva, se sabía Apolo.

Pero así como Antonia cambiaba con frecuencia de nombre (hasta de los divinos), Miguel vino a enredarse, a través de las lianas de la imaginación, en la selva del nominalismo. Como inevitablemente sucede (por poca que se tenga), la capacidad imaginativa terminó por sustituir a la beatitud en los ocios de Miguel. Así pues, el cenobita, viviendo de la fantasía sin darse cuenta, acabó por considerar propicios o nefastos los nombres con los que bautizaba a sus personajes, según los asociase a las personas queridas o a las detestadas del mundo que había repudiado. Este sutilísimo proceso, que no era otro que el de la sustitución de la realidad por la verbalización, condujo a Miguel, como no podía ser menos, a la nostalgia. Al atardecer contemplaba el paso de las nubes con los ojos cerrados, viendo cómo las nubes pasaban reflejadas en el espejo de los rascacielos de vidrio de su ciudad. Y Miguel tenía que abrir los ojos para dar cauce a sus nostalgias.

Ya por aquellos tiempos, Antonia, en la ladera sur, consumía sus crepúsculos en ese amor al paisaje que produce el hartazgo de la piel humana. Amaba, sí; pero, como es usual en los convalecientes de felicidad, Antonia veía en los postreros rayos del sol claustros paseados por silentes figuras. Luego, se dejaba amar bajo el brillo de las estrellas y, a medianoche, el odio (semejante a la desesperación que incuba la nostalgia) la mantenía insomne.

En consecuencia, no transcurrieron ya muchas lunas para que una mañana, en la cima de la montaña, se cruzaran los dos taxis que conducían a Miguel y a Antonia a sus sendos e invertidos destinos. ¿Llegaron a reconocerse de taxi a taxi? No es probable, ya que Antonia viajaba cegada de misticismo y Miguel, ciego de deseos reprimidos. En todo caso, la suposición sobraba, puesto que los esposos se habían olvidado mutua y absolutamente.

En la reserva femenina del cenobio Antonia no tardó en ser presa de ataques de furor, previos unos meses de plácida convivencia con las hormigas de la huerta. Por aquellas mismas fechas, tras un desenfreno que causó la admiración en la granja comunal de la ladera sur, Miguel pasó del hospital a militar en el partido político de moda. No en balde, separados y amnésicos, Antonia y Miguel habían vendido el cáliz después de apurar el vino y las heces.

En la cola de facturación del aeropuerto isleño se miraron una y otro lo suficiente para intentar, sin conseguirlos, asientos parejos en el avión. A la llegada, por no ver a tiempo a la desconocida entre los que esperaban taxi, Miguel defraudó la convicción de Antonia de que aquel desconocido iba a proponerle un vehículo común.

Se encontraron en el portal y se miraron. Cada uno pensó que el otro le había seguido. Y, al unísono, quizá a causa de ese olor a lejía y a abnegación que aroma los portales familiares, se reconocieron.

Conmocionados por tanta y tan irreductible afinidad, decidieron no subir la escalera y se trasladaron a un hotel. Intuyendo que el hogar puede abandonarse a pares pero no debe a pares recobrarse, pensaron incluso en regresar a la isla. No obstante, se les fue la noche en contarse las especiales circunstancias con las que habían llenado sus vidas desde la separación. Se mintieron concienzudamente, no se creyeron y comprendieron, con ese conocimiento impecable de los que renuncian a ser quienes son, que sólo la muerte les separaría, salvo que (lo que no era un presagio insensato, demostrada la recurrencia de su vínculo) los dos muriesen simultáneamente.

Al día siguiente, Miguel y Antonia, cogidos de la mano, esperaron a que la puerta les fuese abierta.

—¡Han vuelto los bisabuelos! —gritó un granujiento con trazas arqueológicas.

Antonia y Miguel, sin soltarse las manos, oyeron en el vestíbulo, como un derrumbe, el repentino silencio de la casa. Se abrieron puertas, aparecieron niños a gatas, nueras, un anciano en silla de ruedas, Toñita voluminosa, una mulata embarazada, un fontanero, el profesor de informática de los mocitos. Alguien suspiró y la familia, de estampida, se abalanzó sobre Miguel y Antonia. En un instante, parecía domingo o mañana de navidad.

En días sucesivos Miguel y Antonia fueron identificando a los seres queridos, los floreros, la mesa camilla, los ruidos del patio, los ruidos de los grifos, el alma (de trama de visillo) en la que se sustenta la estabilidad y el orden de la tribu. A ese espíritu, impalpable naturalmente pero con sabor a albóndigas, recurrieron, antes de dos semanas, Flora y Fauna, para justificar el traslado de sus padres a una residencia.

—No de lujo, aunque muy apropiada —precisó Fauna.

—Porque, como comprenderéis, queridos papá y mama —argumentó Flora—, a pesar de que hace años compramos el piso de al lado, la familia aumenta y así, por capricho, no se puede acomodar a dos personas más, que no sean mellizos recién nacidos.

—Ya que lleváis toda la vida juntos —propuso Fauna—, a lo mejor os apetecen residencias separadas.

—Por supuesto —dio por sentado Flora— que vendréis a almorzar dos veces al mes y que os telefonearemos una vez a la semana. Para nosotras seguís siendo nuestros padres, por supuesto.

En ocasiones, gracias al poder creativo de la memoria, Antonia y Miguel recordaban experiencias comunes, que (no) habían vivido en la isla. Paseaban, mantenían bostezantes relaciones con otros residentes, tenían programas de radio favoritos y hasta algunas canciones las canturreaban a dúo.

Cuando la Teo fue confinada allí mismo, porque siendo tres hacían rebaja, Antonia se sintió más acompañada y Miguel tuvo más oportunidades de resolver crucigramas, mientras escuchaba a Antonia y a la Teo filosofar.

—No me lo puede usted negar, señora. Para ustedes, al fin y al cabo, la vida ha tenido variedad. Por la mala cabeza de ustedes, cuando cogieron el portante, pero variedad. Pero lo que es para una servidora, tiene usted que reconocerlo, ¿qué ha sido la vida para una servidora?, que hasta en este asilo me la encuentro a usted, señora.

Extravíos

Mientras se dirigía hacia el garaje, permitiéndose la satisfacción de caminar por las calles recién amanecidas, caracoleaba ya de impaciencia para galopar, sentado en su despacho o en la sala de reuniones, la larga jornada durante la que se le ofrecería una sucesión de obstáculos que vencer. En aquel medio kilómetro escaso, como el bebedor que finge no ver la copa que imprevistamente apurará de un trago, se concedía el fingimiento de no calcular, no controlar ni controlarse, de no sentirse importante, ni siquiera financiero. Le acompañaba un tiempo revuelto de nubes fugaces y de sol provisional, del que, al colocarse frente al volante, se desinteresaría, igual que de las calles, las gentes que andaban por las calles, los perros, los niños, los guardias municipales y demás elementos superfluos del escenario del mundo.

Quizá vio primero al perro, pero, nada más

percibir a la niña, intuyó que tanto la niña como el perro andaban perdidos y se habían encontrado. Efectivamente, el perro trataba de desembarazarse de aquella niña que le perseguía con una libertad de movimientos que denotaba falta de vigilancia. Lo único tranquilizador era que el perro llevaba collar y la niña, una bolsa roja, acorde con las zapatillas deportivas y el chándal que vestía. En todo caso, el hombrecito verde parpadeaba y, cuando intentó cruzar a la carrera, como si huyese, un gesto imperativo de la figura con uniforme municipal, que vigilaba el tráfico en la intersección de las dos calles y a la que hasta entonces no había advertido, le dejó clavado en el bordillo de la acera.

La bolsa roja había sido abandonada a sus pies y, a unos metros, la niña, asiéndole por la cola, había logrado interrumpir el zascandileo olfativo del perro. Pretendía acercarle la cola a la cabeza para agarrarle por el cuello, pretensión que el perro, de una envergadura superior a la de su contumaz perseguidora, frustró con un golpe de lomos, que dejó a la niña sentada en la acera. La olfateó, pareció que se dejaba besar el morro y se alejó al trote en línea recta.

Entonces, a pesar de un confuso presagio, recogió la bolsa y la movió en el aire. La niña se puso en pie calmosamente y acudió a la pata coja. Hizo ademán de entregarle la bolsa y la retuvo, lo que provocó la risa de la niña.

—¿Dónde está tu mamá?

—En el baile.

Por sorpresa y con una violencia desconcertante, que él simuló ignorar, la niña le arrebató la bolsa.

—Y ¿tu papá?

—Se ha ido a morirse y así no tiene que pagar los impuestos.

Surgió, de repente, el hombrecito verde y él se encontró cruzando la calzada, llevando de la mano a una niña, que a su vez, arrastraba una bolsa roja por el asfalto. En la otra esquina daba el sol y la niña permaneció ensimismada, como si no oyera las preguntas que él le hacía, puesto ya en cuclillas, buscando con la nivelación de los rostros romper la incomunicación. Y en cuclillas, con una instintiva sensación de culpabilidad, descubrió a la altura de sus ojos los pantalones azules del uniforme antes de descubrir bajo la gorra un rostro de mujer.

—Yo creo que se ha perdido —murmuró.

—Seguro —resolvió la muchacha, acuclillándose ante la niña—. ¿Dónde para el autobús de tu colegio, bonita?

La niña señaló en una dirección oscilante y dijo:

—Me llamo Clara Emilia Fernández Buitrago.

—Pregúntele si sabe en qué calle vive.

La muchacha se limitó a entregarle su silbato, del que la niña arrancó unos pitidos en sordina, y a opinar, mientras recuperaba la verticalidad y el silbato, que no tardaría en aparecer una chacha o una madre. Esperó que el conato de rabieta de la niña retuviese a la muchacha, pero la muchacha convenció a la niña de que debía quedarse allí, en compañía del señor que la había encontrado, y, atravesando flemática entre los coches, se reintegró a su incongruente tarea de subrayar las órdenes de los semáforos.

La niña se dedicó a describir círculos mareantes en torno a una acacia. Puerilmente inquieto por el retraso y calculando fríamente el dinero que a cada minuto dejaba de ganar, se dejó succionar por una espiral de violentas recriminaciones. Sin embargo, nada le irritaba tanto como su propia incapacidad para continuar hasta el garaje, para abandonar, como el perro había tenido la sensatez de hacer, a aquella niña, que ahora canturreaba y palmeaba sentada en el alcorque de la acacia. Y con el fin de rechazar los recuerdos, hediondos, que el jolgorio de la criatura desenterraba de su memoria, se entregó a una aparatosa interpretación del impaciente que atisba la aparición del que no llega. La niña le tiró del pantalón.

—Pues hazlo —contestó desabridamente.

Clara Emilia Fernández replicó que era pequeñita para arreglárselas por sí misma. Le contuvo una imagen de la madre brotando precisamente en el momento en que él le bajaba las bragas a la hija. Manoteó a la desesperada, como si el teletipo estuviese escupiendo una quiebra fulminante del sistema crediticio nacional, y la chica guardia llegó impertérrita por entre los automóviles.

—Llévela ahí dentro. Ya es muy mayorcita para hacerlo en la calle.

La niña le dejó sosteniendo la puerta y atravesó la cafetería saltando a la pata coja. Tras una duda, él entró también y, con una premura alborotada, buscó el teléfono, intentando no perder de vista el trayecto desde los lavabos a la salida. Pero, mientras marcaba, como si él estuviese obligado a disculparse con Carmina por no haber llegado aún al despacho, a la premura se sobrepuso un sentimiento de orgullo y colgó. Ancló en la barra a la espera de la pequeña dama. Al instante vio a la guardia dirigirse hacia el fondo de la cafetería y, bruscamente relajado, pidió un aguardiente.

La calle se llenó de sol. Al otro lado de las

puertas de cristal pasó el perro husmeando. Se sonrió al pensar que él era probablemente la persona menos adecuada de la ciudad para hacerse cargo de una niña extraviada y para cargar con la responsabilidad de haber dejado escapar a un perro perdido. Puso un billete sobre la barra. Acechó. Centrándose el nudo de la corbata, consciente de que Clara Emilia Fernández quedaba bajo la custodia de la autoridad competente, inició una fuga deliberadamente natural.

A sus espaldas la niña había sido izada a un taburete y libre de la gorra, el pelo castaño de la muchacha resplandecía. La niña quiso un vaso de leche templada y churros. La muchacha, sin considerar su invitación prometió enviarle a la madre (o a la chacha) en cuanto apareciese y salió de la cafetería.

Clara Emilia saltó del taburete al descubrir al perro, que pasaba de nuevo por la calle. Luego, quería aceitunas rellenas. Más tarde, desmenuzó un par de churros y se limpió las manos en el chándal. Cuando exigió regresar a los lavabos, él la sacó del local a una mañana ensombrecida por la luz metálica de los nubarrones.

—Por ahí te andan buscando, hermosa —informó la mujer del puesto de flores.

Pero nadie apareció y, en el centro de la calzada, la municipal, a causa de haberle enmendado la plana a los semáforos, tenía organizado un preludio de atasco en el que ya sonaba algún claxon, como afinándose para comenzar el concierto. A pesar de sus propósitos de indiferencia, se sintió desolado e inerme ante las correrías de la niña. Rezó para que no regresase el perro. El recuerdo putrefacto emergía a la amenazante luz de aquella hora.

Y ya, sin ambages ni subterfugios, pudo odiar a Clara Emilia Fernández Buitrago, esencialmente porque no estaba asustada, porque vivía su extravío con naturalidad, hasta con regocijo. Después, cuando la niña le condujo hacia lo que él supuso el escaparate de una juguetería, instalado ya pacíficamente en el rencor, se permitió reconocer que le envidiaba a aquella niña no los años que a ella le quedaban por vivir (la mayoría de los cuales él no viviría), sino que ella no hubiese vivido los años que él vivió en su infancia.

—Ésa es mi mamá —anunció cerca del escaparate de ropa femenina, que estudiaba una esbelta de ajustado pantalón y con una cabeza como un casco de rizos rejuvenecedores.

En el momento en que la esbelta daba por terminado su visionado del escaparate, llegó la muchacha uniformada y les señaló. La niña corrió hacia ellas. Cuando él terminó de aproximarse, las tres hablaban simultáneamente. Fue acogido con un satisfecho cabeceo de la madre, a quien entregó la bolsa, una vez que hubo comprendido su posición marginal en aquella conversación entre mujeres. El perro apareció dos esquinas más allá y le siguió durante un trecho, como si le prestase escolta en homenaje a su repentina decisión de pasear, no tanto por el espacio como por el tiempo, en busca del niño que cincuenta años antes se había perdido.

A media mañana, cuando llegó a la plaza y se detuvo, percibió el cansancio y la soberana tristeza que le embargaban. Siempre con la fuente mitológica en su centro, la plaza había cambiado poco. Acaso sólo el tridente (que cada tanto era robado) del dios de las aguas, acaso el pavimento sin adoquines ni carriles de tranvía y, desde luego, en aquella mañana en la que al fin dominaba el sol sobre las nubes, ninguna verbena ocupaba el espacio ovalado de la plaza. Allí, tras una tarde en los jardincillos del Museo, el niño se había quedado embobado frente a una montaña rusa, cuya pasmosa estructura conservaba íntegra la memoria cincuenta años después. Y allí, al no encontrar a sus padres, había roto a llorar el niño con un terror que, cincuenta años después, el hombre resucitaba sin esfuerzo y con lacerante humillación.

Sin ánimos para revolverse contra el sinsentido de su propia naturaleza, aceptó que el niño, al que había asesinado, siguiese vivo. También había aceptado que no hubiera muerto cuando, de adolescente, en el colegio le llamaban trepador los mismos que llamaban esforzado escalador a un ciclista. O cuando su primera mujer... Con una violencia sísmica sepultó (por enésima vez) en el olvido a aquel niño, efigie de la complacencia y de la compasión, repugnante símbolo de lo que siempre luchó por no ser.

Dentro del taxi la existencia recuperó su consistente y confortable apariencia de autenticidad. Acababa de sentarse a la mesa y ya Carmina le había colocado delante, con una diligencia agresiva, la relación de llamadas y compromisos. Hasta habló con una entonación de esposa ofendida cuando se disculpó reticentemente:

—Como no sabía ni dónde estaba usted, ni cuándo llegaría, me temo que no hayan resultado convincentes mis explicaciones.

La miró directamente, imitando la risueña despreocupación de la mirada de la niña de la bolsa roja o el júbilo voraz que incendiaba los ojos del perro.

—Estuve un rato por ahí. Llaneando.

Fines de semana históricos

En sus treinta años de Cronista nacional titulado había llegado a la conclusión de que no hay Historia. Para no perder los emolumentos ni el título, fingía creer en el flujo histórico. Los fines de semana, según el Cronista nacional, el flujo se interrumpía. Gracias a esta interpretación, el Cronista podía dedicarse, en buena conciencia, a sestear los fines de semana en su club habitual, una especie de casino *country* que amalgamaba a lo más ruinoso de lo que había sido en tiempos la golfería más fina de la capital.

—Mire, don Cronista —le objetaba Pura—, a mí particularmente no acaba de convencerme que el flujo cese el viernes por la tarde y vuelva a su devenir el lunes por la mañana. Si la memoria no fuese la más grosera de las funciones mentales, le citaría ahora mismo media docena de hitos acaecidos en domingo.

—No me cite, doña Pura, y reflexione. A usted, que en las postreras barricadas de la utopía era ya una madura de muy buen ver, le consta que no hay flujo, porque no hay conexión, y que ese subgénero literario que es la narración histórica se empeña, vanamente por otra parte, en fingir una concatenación durante el simple vivir al día, en que consiste la vida.

—Ahí sí que no, don Cronista. Parece mentira que usted precisamente compare la Historia con la vida, cuando usted sabe, y si no lo sabe eche un vistazo a su alrededor, que la vida es muy destructiva de por sí y, encima, está llena de imbéciles y de granujas.

—De acuerdo. Pero reconozca que la originalidad histórica es tan intermitente y tan poquita cosa como los descubrimientos geográficos.

—Disculpe; hoy no tengo la cabeza para hablar de geografía —se dolió Pura, que, en efecto, mostraba una sospechosa palidez bajo el maquillaje.

Y como aquel sábado estaba primaveral y lluvioso, Pura y el Cronista, arrullados por la atmósfera de anisados del casino, se sumieron en sus respectivos sumideros.

Desde que enviudó, el Cronista recuperaba en la púrpura ajada de aquellos salones el tono conyugal. Pura, con los ojos abiertos, gozaba el tedio de repetitivas fantasías obscenas entremezclándose con recuerdos sentimentales. Cada tanto, el servicio retiraba con diligente suavidad a don Ricardo o a doña Felicidad, aún vivos, pero estropajosos. Del picadero, de las ralas praderas y de las pistas de tenis llegaba a los salones, con el rumor de la lluvia, un vigorizante olor a barro. Y no resultaba incongruente que, mientras se constituía una partida de tresillo o de julepe, se aproximase, disfrazada de liviana con un vestido estampado, Gertrudis, la recién divorciada de Valeriano.

—Valeriano me acaba de decir que en el periódico se asegura, mi querido Cronista, que es cierta su elección para la Academia.

—Pues lo que asegura esta mañana ese periódico de tu ex, Gertrudis, es que esta península está a punto de cambiar de continente, como quien no quiere la cosa.

—No antes del lunes ambos sucesos, apreciadas amigas. Si es que —el Cronista se retrepó en el butacón, pavoneándose sin pudor— mi polémica personalidad atrae, por fin, votos suficientes. Respecto al cambio continental es cosa hecha, a falta sólo de allanar los Pirineos.

—A mí, como no me gustan los toros, el asunto me trae al pairo —sentenció Gertrudis, que mimaba como a huérfanos los gaseosos pliegues de su vestido—. Aunque también dice Valeriano que piensan clausurar los casinos, porque así lo exige el talante europeo.

—En tanto no nos supriman las corridas —pregonó Pura—, podemos dormir tranquilos, porque a este casino no hay talante que lo suprima. Tendrían que inventarse un sustituto de la senilidad precoz y los correspondientes antídotos contra las frustraciones, la conciencia de culpabilidad, la compulsiva necesidad de triunfos, la pretensión de recuperar el tiempo pasado, la codicia y una concepción de nuestra Historia como una película en colores, a la que usted contribuye, querido Cronista, con sus monografías de romanos.

—Pero, Pura... —balbuceó el Cronista, levantándose a medias e incapaz de impedir que la antigua utópica se mudase al bar.

—Déjela, déjela usted que se pudra de celos. Creo que sospecha que, nada más ser recibido académico, piensa usted proponerme una aventura que, considerando todo lo que nunca se atrevió usted a confesarme que le gusto, vaya usted a saber hasta qué nefandas complicaciones puede arrastrarnos.

—Gertrudis —susurró el Cronista, sorprendido de su propia vehemencia—, ¿cree usted que Pura sospecha también que usted aceptaría que uniésemos a mi gloria la fortuna que le pasa Valeriano?

—No sé si lo sospecha, pero en cuanto seamos adheridos a ese continente y a usted me lo coronen de laurel inmortal, usted y yo damos la campanada, la última campanada de la raza.

—Por desgracia, ay, ninguna de esas dichas acaecerá antes del lunes.

—Impacientón..., ¿qué sabes tú?

¿Qué sabía él, efectivamente, que tanto sabía de los tartamudeos de la Historia, acerca del océano de ilusiones que albergaba en su pecho? La tarde se le fue en rosadas mentiras y en rotundos tragos. Ahora, al final de la madurez, imaginaba tener, además de cronología, talento. ¿Cómo, si no, se explicaba que dos mujeres y la Academia se lo disputasen?

En la intimidad de su solitario dormitorio se vistió las galas que vestiría el día de la pública y solemne recepción, arreos que en el armario luchaban contra la polilla y la envidia. Le dieron las tantas ante el espejo, por lo que, abrazado al frac, se durmió sin enterarse de que a la madrugada su patria ya no era el cornúpeta sobre el que cabalga la señorita de la túnica, sino la propia señorita.

—Pero ¿qué me dice usted, Valeriano?

—Lo que usted oye, Cronista. Y como en

esta peculiar democracia el elector no se siente representado por quien eligió, sino por el periódico que ha elegido leer, aquí me tiene usted que no sé qué decirles a mis lectores, por culpa del majadero de Jacobito, que no contento anoche con raptar a mi ex Gertrudis se me llevó los estados de opinión de los lectores, dejándome hecho un diputado. Usted, que ha llegado ya a persona de orden, ¿qué me aconseja?

—Pues que les eche usted una pareja de civiles a esa pareja de infieles y que se los traigan esposados de Londres, ahora que en Londres, digo yo, tendremos cuartelillo.

Huyendo del soliviantado ambiente de los salones, el Cronista salió a las praderas que la lluvia del día anterior había embarrado. Como sus zapatos al barro, su cabeza se adhería a viscosas premoniciones. Ya podía dedicar el frac académico a vestir santos, si, como era previsible, la metamorfosis en continente traía aparejados los cambios de rigor. Jubilarían a los mayores de cincuenta, en el salón de actos instalarían un equipo de cientos de vatios y de luces por láser, abrirían el ambigú al pueblo y dedicarían la biblioteca de la docta casa a actividades lúdicas. Le estremecieron las náuseas.

Apoyado contra la alambrada de la pista de tenis, los ojos alzados al cielo anubarrado y el alma en un clamor, el Cronista titulado se preguntaba cómo los dioses permitían que, en un mismo domingo, un garambainas de redactor jefe le robase la novia del sábado a quien, habiendo consagrado la existencia a la Historia, la Historia escarnecía. Se sentía encadenado por la incomprensión y entre las llamas de la injusticia. En aquel momento, de no haber estado viudo, habría apaleado a su mujer.

Pero en aquel momento descubrió que desde un ventanal le observaba Pura y, poseído de irresistible repugnancia al trato carnal, el Cronista se refugió en el gimnasio. Nada más trepar al potro, como si hubiera trepado a Clavileño, experimentó los síntomas del conocido vuelo a 1844 y, huyendo ahora de sí mismo, descabalgó el potro y se refugió en el más subrepticio rincón de la cantina del servicio. En aquel tinelo consiguió reducir sus inquietudes a no dejarse llevar al siglo XIX, ya que bastante atroz estaba siendo la mañana del domingo como para terminar el día de fiesta en un baño de sangre.

Confió en que los licores y el detestable menú de la cantina le amodorrasen lo suficiente para soñar únicamente con resonantes períodos oratorios. Sin embargo, al terminar el almuerzo, hundiéndose en una desvencijada butaca y oyendo, como música de fondo, el usual estruendo de cacerolas de los que no hacen la Historia, el Cronista sintióse incapaz de permanecer en su época (cuando era notorio que ya no estaba en su tierra).

El fenómeno transmigratorio se caracterizaba por su semejanza con una especie de pasmo y solía acometerle al Cronista, que nunca había sufrido trastornos gástricos, en aquellas circunstancias en que al común de los ciudadanos la vida de diario les produce úlcera duodenal. Una suspensión de ánimo a ritmo de minué inauguraba la pasmosa brujería, para de inmediato aparecer en lontananza una ristra de morcillas cubiertas de piojos. Estas y algunas variables figuraciones se resolvían con la reencarnación del Cronista en Narváez, don Ramón María (1800-1868).

Como impulsado por un incesante y sordo murmullo, Narváez sobrevolaba una ciudad tétrica y maloliente, por cuyas angostas calles y plazuelas arrastraban los pies inacabables filas de cesantes, turbas de pretendientes a poltronas hozaban en los comederos de los distintos Ramos de la pública administración y astrosas mujeres escondían bajo las sayas a los aterrorizados contertulios de fondas y cafés. Tambaleante como un aeróstato, Narváez descendía sobre el adoquinado y, desenvainando el espadón de Loja de su mote, comenzaba, voraz y concienzudo, a desmochar cabezas y a segar miembros.

Cuando, chorreantes las charreteras de sangre peninsular, Narváez transmigró al Cronista, la cantina estaba en esa penumbrosa soledad de atardecer de domingo que huele a archivo. Se le orbitaron los ojos, secó el sudor de su rostro y calmó el frenesí de sus manos. Luego, subió a los salones, donde el julepe había sido sustituido por el *bridge* y los mojicones por las pastas. Pura descubrió al Cronista, que vacilaba y, por fin, se aproximaba a ella.

—Amigo mío, por su lamentable aspecto apostaría a que sale usted de un episodio galdosiano. Siéntese y déme conversación, si su justificada conciencia de cornudo se lo permite.

—Como usted disponga. ¿Por qué, doña Pura, la Historia, que no es nada, resulta tan larga y mi vida tan fugaz?

—No desespere; antes de que el gobierno nombre a los académicos por decreto, quizá salga usted elegido. Todo pasa, sí, pero algunos pasan más de prisa, porque las dificultades para decir siempre la misma mentira sólo son capaces de superarlas los grandes hombres.

En los ojos de Pura percibió el Cronista los últimos ramalazos del flujo histórico y, encargando copas, recuperó el sosiego intemporal del domingo.

—Olvidemos, querida Pura, esos mezquinos

tejemanejes de los decretos. ¿Se ha enterado usted de que el granuja de Jacobito le ha birlado a Valeriano los dineros del periódico?

—Me he enterado —confirmó Pura—, pero es usted el que debe enterarse de que, a lo tonto, durante los fines de semana también se puede hacer el bobo.

La oficina invadida

Caía la tarde, cuando los despachos fueron invadidos por una epidemia de poesía. Los empleados más perezosos recogían ya papeles y útiles de escritorio con una diligente premura, que pretendía acelerar el paso del tiempo. Un día más había transcurrido como si no hubiese transcurrido. La invasora infección apenas se hizo perceptible en la falsa ligereza del aire, en esas deformaciones bulbosas del efecto metafórico, en un aumento de anáforas y, entre las secretarias de Dirección, en una pomposidad de canéforas, al manejar los teléfonos, consabidos síntomas todos ellos de esa conocida plaga epigástrica.

Porque, efectivamente, aunque no hubo comentarios, nadie dejó de sentir en la boca del estómago el clásico calambre lírico. El conserje encendió los tubos fluorescentes, la realidad pareció recuperar su habitual consistencia y, al rato, sonó el timbre de salida. Este cúmulo de circunstancias determinó que las instalaciones burocráticas fuesen abandonadas sin que siquiera el Comisario (que ejercía su comisariado bajo el cargo de Prepósito de Informatización) se oliese, no ya el aroma del tigre y la canela, sino el tufo del octosílabo sentencioso. Así que los despachos quedaron a merced de aquellos virus que no se habían llevado los empleados en la sangre.

Nadie, por tanto, llegó a su hora al día siguiente. Es más, como si se tratase de una época de reorganización, se produjo un alarmante número de enfermedades fingidas y de imaginarias defunciones parentales. Aquellos que preferían con mucho el despacho al hogar y que carecían de medios para una jornada en el café se entregaron también a la ociosidad y a la tertulia. Pronto la epidémica inactividad comenzó a surtir lucrativos efectos en los sectores productivos de la industria y el comercio, tutelados por las competencias de la oficina infectada. Para entonces, el Comisario descubría, esparcidas entre los archivadores, espinosas hojas de acanto. Convencido de que, en consecuencia, estaba autorizado a temerse lo peor, el Comisario dio el parte a la Dirección.

Unas semanas antes la oficina había sido víctima de una invasión de lujuria refinada, afortunadamente leve y eficazmente combatida por los anticuerpos de la lascivia más tradicional. A pesar de que en el escalafón no se produjo ningún cambio de gustos eróticos, el Prepósito de Informatización dedicó alguno de sus desvelos a descubrir al portador de tales toxinas. Pero, al conducirle sus investigaciones hacia los altos cargos, el Prepósito, tasando el viento que la vela admite, echó tierra sobre las toxinas.

Dar carpetazo al virus lírico no resultaba tan fácil. Todo el que carga sobre sus hombros la pesada misión de gobernar a sus supuestos semejantes conoce la duplicidad de la naturaleza de los inferiores, gente de irreductibles manías corporales y de asombrosa versatilidad de ideas. Por desesperante que resulte, el inferior une a su espíritu voluble una carne tercamente apegada a la alimentación, al placer y al descanso. En seres de tal naturaleza la poesía prende bestialmente, lo que explica la permanencia a lo largo de los tiempos de una manera de discurrir tan peculiar como la del invento lingüístico llamado poema.

No siendo ajenos al Comisario estos conocimientos de los recovecos de la humana conformación y estando dotado el dicho Comisario de un pragmatismo rayano en la vileza, se empleó a fondo en la pesquisa, en tanto la inactividad preocupaba incluso a la cúspide jerárquica. Mientras el horario se les iba a unos en charletas y en jeroglíficos y a los de arriba, en reuniones dedicadas a planear tareas homéricas, se consiguieron análisis del centro de microbiología y, lo que fue más arduo, se logró reunir a la comisión de expertos, una punta de poetas en nómina y en constante gira cultural del uno al otro confín. Bastó para un primer dictamen con cazar al vuelo uno de los documentos que revoloteaban por los pasillos, movidos por suaves céfiros, y con algunas inspecciones oftalmológicas, que denotaron un unánime azul en las pupilas.

El diagnóstico señaló, naturalmente, pérdida de la sindéresis administrativa, sustituida por razonamientos asertivos, empedrados de dicotomías, paradojas y repetitivas congratulaciones por la falta de vías de comunicación. El todo, adecuadamente vacuo, exhalaba perfumes de esperanza y un descomedido optimismo. Esta, en principio favorable, secuela presagiaba, en opinión de los expertos, un alto riesgo de fermentación del estro. Se escribían ahora pocos oficios en aquella oficina, pero los que se escribían tenían cada vez más cortas sus líneas.

—O sea —resumió el Prepósito de Informatización—, que, si no he entendido mal, aquí cualquier día el personal puede romper a componer aleluyas. Hasta sonetos, en el caso de que el estro se siga propagando, favorecido por los meningococos de la cultura lúdica.

—Hasta sonetos —confirmaron los expertos—. Y quién sabe si hasta madrigales en estrofas sáficas, porque en este país nuestro la herencia recibida del seno inviolado de la Tierra nos puede dejar verde que te quiero verde. No obstante, V.I. resolverá.

El Comisario resolvió, por no hacer mudanza en su costumbre, iniciar una docena y media de expedientes disciplinarios. Pero, antes de especificar las sanciones, en esa fase de la tramitación en que el trueno todavía no tiene nombre, fase auroral previa a la peluca y a la toga, se presentó en el despacho del Comisario uno de los expertos, que, además de poemas, había tenido la precaución de publicar una poética.

—Mi querido Prepósito, creo haber dado con el agente portador de la epidemia —le confidenció el bardo, sobre el rumor de liras que escapaba por la rejilla del acondicionador del aire—. Tras un detenido análisis, hallé que los elementos patógenos de la infección provienen de lecturas sumarias de poetas de uso tópico, como las pomadas. Nada de Saint-John Perse, desde luego, pero tampoco nada que rebase una lectura de oídas. La recurrente apelación a que no hay caminos, con el obvio designio de que el personal se las arregle por sí mismo para abrirse camino, prueba incuestionablemente que la infección la ha traído a la oficina el Director.

—Ciertamente nuestro Director está muy interesado en concienciar y en responsabilizar a cada cual con su trabajo, ya que él tiene demasiadas ocupaciones para, encima, ocuparse del trabajo de sus subordinados.

—No olvides, Prepósito, que el compañero Director asistió no hace mucho a unos cursos estivales y a unos festivales de concurso, pedagógicas y recreativas realizaciones de la política de difusión, en las que es de obligada cita que el camino se hace al andar, así como que su infancia son recuerdos de un patio de Sevilla.

—Donde madura el limosnero —apostilló, no sin jactancia erudita, el Comisario.

—Como es de ley. Y punto. Ahora bien, yo en tu puesto no solaparía el problema continuando con la pesquisa, puesto que, identificado ya el agente portador, lo que interesa, a nivel de inferiores, es erradicar el lirismo, tanto en beneficio de la poesía como por el buen nombre de esta oficina u organismo. No obstante, tú resolverás.

A la experiencia del Comisario no se le escapaba el dato de los riesgos que conlleva poner orden cuando es el jefe quien ha embrollado el cotarro. Si no hay por qué ocultar que todo empleado es intercambiable, no hay por qué propalar que todo superior es transitorio, ya que la gracia de la superioridad radica en sus apariencias de eternidad. Y sabido es, además, que el que viene después siempre es peor.

Este razonamiento (prueba del acierto de la superioridad en el nombramiento del Comisario) impulsó al Comisario a pasar los expedientes disciplinarios a la fase sancionadora. Algunos empleados, enardecidos por la irrealidad consubstancial a la infección que padecían, protestaron. Estudiada la protesta, se confirmaron la docena y media de sanciones, y media docena más, por protestar.

Amaneció, pues, el día en que un nuevo virus, viejo como el mundo, acabó con los bacilos poéticos. La oficina tomó ese aspecto de desierto después de la tormenta, que suele confundirse con la calma. Sobre el murmullo del acondicionador del aire y los arrítmicos pianeos de las máquinas de escribir, podía escucharse el silencio. Obsesos lectores de colecciones legislativas, esforzados escribidores de prosa prosaica, apicultores de las colmenas contables, sólo durante un instante hacían coincidir sus miradas huidizas. Sumisa e indiferente, la oficina recuperaba su apetito de devoradora de papeles.

El Prepósito de Informatización fue llamado a los altos despachos de la Dirección.

—Te felicito, Comisario. Gracias a tu esfuerzo, ahora conocemos la peligrosidad latente e imprevisible de esa bobería de los versos, que puede resultar útil siempre que esté en buenas manos. No se ha hecho la miel para la boca del asno, como dejó escrito Juan Ramón, que de borricos sabía lo suyo. ¿Crees necesaria otra fumigación? —preguntó el Director con la cautela usual en un necio audaz con corazón de cieno.

—No queda ni un acento en su sitio. Eso sí, a mi juicio, habrá que organizar alguna tómbola para contrarrestar la injustificada sensación, que podría afectar al servicio, de que vivimos tiempos sombríos. Al parecer, el del reino de la sombra es un microbio de sorprendente virulencia, dada su grosera estructura monocelular, muy resistente al jarabe de palo y difícil de localizar en el microscopio.

—¿Tiempos sombríos? ¡Qué infamia más necia...! Organiza, por si acaso, además de la tómbola, un auto sacramental. Y a ver si de una vez esta oficina funciona como la empresa privada, cuna del socialismo. Adelante y ánimo, Comisario, que el camino se hace andando.

—¡Oh, nunca, nunca, nunca! Usted delante.

Pasaron los meses. Llegó la recurrente peste

de la modernidad, que llenó de colores y de gomina las cabelleras. Pasó también la modernidad y pasó una epidemia de retorno a los orígenes. La mayoría de las mañanas, sobre todo de las lluviosas, la oficina parecía una oficina.

Pero alguien, en solapas de sobres y en otros desechos de papelera, estaba escribiendo un poema, aún sin título (pero que previsiblemente se titularía *Buenos tiempos para la lírica*), que trataba de los tiempos luminosos, a cuya cruda luz brilla el cartón pintado de las máscaras y el maquillaje vencido delata las implacables arrugas.

Un crimen

A finales de aquel verano (durante el que, como declaró luego —en noviembre, nada más morir Franco—, había visto incendiarse los cielos premonitoriamente) estaba bastante desquiciado. Aunque ninguno de los dos salimos de Madrid, no nos vimos, ya que, cuando le telefoneaba para cenar juntos, Diego siempre tenía comprometida esa noche y las restantes de la semana. Amigos comunes me confirmaron que, además de trabajar mucho, se había enredado en una frenética actividad social. Ultimaba una exposición de obra inédita, andaba rodeado de discípulos y de admiradores, frecuentaba periodistas, mantenía una bulliciosa aventura con una bullanguera hija de banquero, apenas le daba respiro a la ansiedad. Desde siempre, Diego había sido el mejor agente publicitario de sus cuadros y el más hábil escultor de su figura pública, por lo que no era de extrañar, pero sí de temer, que, con el inicio de la cuarentena, se le hubiese exacerbado su obsesa necesidad de notoriedad.

—Pues a ti te habrá dicho —me dijo Luciana la primera tarde de aquel septiembre, en la que me sirvió el té en su casa— que ha terminado un desnudo mío en un paisaje de pagodas y de chimeneas industriales, porque, además de mentir, delira. Lo cierto es que lleva meses sin coger ni un carboncillo. Se le va el día en intrigas para ingresar en la Academia, conferenciando en centros culturales, en fundaciones docentes, en círculos lúdicos, hasta en talleres de creatividad, en cualquier lugar del territorio al que se pueda llegar siquiera a lomos de burro. A la caída de la tarde, corre de vernissage en vernissage, de cóctel en cóctel, y por la noche, fascina a críticos, corrompe a biógrafos, irrumpe en los bares de siempre con un cortejo de papanatas y de parásitos. La madrugada le sorprende pagando copas a cómicos, alcaldes, filósofos a la última, pilotos y duquesas, bilbaínos, chaperos, príncipes de la milicia, ases del baloncesto; en fin, al público normal de esas horas y de esas barras. Está financiando un documental sobre su evolución estilística. Le han nombrado ayer hijo adoptivo de su propia ciudad natal. Esta mañana ha concedido una entrevista a la Hoja Parroquial de nuestra parroquia. Creo que todo, hasta que se pueda ser hijo adoptivo de la propia madre, está claro, ¿no?

—Sí —admití.

—Pues ahora, a ti, que conoces a Diego desde antes de nuestra boda, te pregunto —preguntó Luciana, justificadamente enajenada ya—: ¿Por qué maldito carajo, en vez de limitarse a lucirla por todo el universo mundo madrileño, se ha liado hasta los tuétanos con esa banquerita huesuda, teñida de cobre, eczemosa, agrietada, flagelada por la droga, alobadora y más mala, aunque infinitamente más lista, que mi pobre Diego?

Habíamos entrado ya en días de general inquietud y de generalizada excepcionalidad y todos, convencidos de que estábamos viviendo el final de cuatro décadas de obligada compostura, andábamos inquietos y despendolados, aunque nadie tanto como Diego. Resultaba muy chocante, por consiguiente, que una persona madura, y madurada en los combates de la clandestinidad, se mostrase inmune a aquellas fúnebres brisas de libertad y exclusivamente dedicado a sus asuntos privados. En aquellas postreras semanas del horror público, incluso yo, que siempre había permanecido al pairo en los resguardados puertos de la discrepancia moderada, dedicaba gran parte de la jornada a la conjura. Precisamente en uno de los más concurridos salones donde se recomponía (hasta nivel de jefe de negociado) la patria, encontré a Luciana, recién regresada de Santander, y allí, entre pastelillos de hojaldre y noticias, me pidió que tomase el té con ella a la tarde siguiente, una de las últimas del último verano de la dictadura. Y de su matrimonio, añadió.

—Mujer, no será para tanto. Se le pasará —presagié yo, no para consolar a Luciana, sino por si conseguía engañarme a mí mismo y evitaba hacerme ilusiones.

—Ésta no la pasa, te lo aseguro. Ésta es la definitiva —aseguró Luciana, como si, en vez de Diego, hablase del ilustre enfermo—. Desde siempre ha sido un vanidoso crónico, un urgido de adulación, un majadero. Pero se contenía, aún le quedaba la suficiente hipocresía para engañar incluso a un amigo tal fiel como tú. Ahora ha decidido que ya no tiene por qué simular, porque ahora, el muy célebre, considera que ha alcanzado una cota superior al más encumbrado de sus colegas y, por tanto, que ha sonado la hora de recibir los tributos de la gloria. Y cuando un artista llega a esas cimas, no hay tributos bastantes, ni bastante gloria, para saciar una vida de trabajos y de modestias forzadas.

—Es muy triste lo que me dices, Luciana, pero quizá equivocado, aunque te concedo que las suposiciones cuanto más tristes suelen resultar más acertadas. Y ¿si Diego, al cumplir los cuarenta, simplemente ha tomado conciencia de la fugacidad de la vida y como tantos, artistas o no, pretende, viviendo en el placer constante, olvidar la muerte, en la que nunca había pensado?

—Ése es capaz de haber pensado en todo. Veo que le conoces mal. No se trata de que esté sufriendo el efecto místico de la andropausia, ni, todavía menos, de que esté sufriendo la propia andropausia, como insinúas. Diego jamás ha sido víctima de las perturbaciones más corrientes entre los machos de tu sexo. Que yo recuerde, sólo tras la derrota del 68 y sin que él mismo se lo explicase tuvo un par de años de alarmante normalidad. Ah, si yo te contase...

Y me contaba, parsimoniosamente, minuciosamente, a lo largo de tardes que se nos iban en unos suspiros, durante las que yo, a veces sin escuchar a Luciana, oía su parloteo con la taza de té apoyada en mi barbilla y llenándola de baba. A la tercera o cuarta sesión de confidencias, no reprimía ya mis ilusiones y, engolosinado, bastaba con que, sin cesar de confidenciarme, cruzase o descruzase las piernas, me retuviese una mano entre las suyas, me mirase a los ojos, para que me inundase una lela obscenidad. Nunca, desde que la había conocido vestida de blanco y ya nunca la había dejado de amar, me había permitido desearla. Pero, durante aquellas tardes excepcionales, estábamos más horas a solas de las que estuvimos en veinte años, y Luciana me desnudaba su alma con tal sinceridad que era imposible no ver su cuerpo. Un cuerpo, para mayor complicación, en el esplendor de su desarrollo y de su desempleo, sobre el que, habiendo alcanzado el mío las heladas cumbres del respeto, parecía justo planear.

—Y es que las apariencias carnales pueden llegar a carcomer el sentimiento de más consolidada pureza —filosofaba Luciana, tanteando mis intenciones—. Por otra parte, Diego no es un progresista, como tú —sus dedos serpenteaban por mi pelo—, por lo que se encuentra en una situación óptima para alimentarse con las más groseras satisfacciones. Tú, que le encuentras por ahí, eres testigo de las caricias que le prodiga esa desinhibida. Pues bien, te pregunto a ti, que sí eres un progresista: ¿Te dejarías tú toquetear en público y a lo tonto?

—A mí, ésa, Luciana, es que ni un pelo... —juraba yo, enardecido.

—Pues, ya ves... —y, de pronto, ella veía que era hora de salir para alguna fiesta, a la que quizá también asistiese Diego.

Yo cerraba los ojos y, luego, cuando Luciana

me echaba hasta el próximo consultorio matrimonial, poco a poco los iba abriendo al mundo, que en aquellos días era un mundo de champán prematuro, de confirmaciones fidedignas y de desmentidos fidedignos, de teléfonos de madrugada, de renovación de pasaportes, un mundo de heces en forma de melena. En ocasiones, coincidía con Diego y con su sobadora muchacha, una especie de aparente mujer, permanentemente adherida a él y únicamente capacitada para pasar, sin estados intermedios, de gacela encelada a loto, y viceversa. Otras noches, en virtud del reducido territorio de nuestra tribu, me encontraba con Luciana, que, en sociedad, poco se parecía a la Luciana de aquella misma tarde. Y hacia mediados de noviembre, cuando por numerosa que fuese la reunión sólo se oían las voces políglotas de las ondas (media y corta), empezó a ser frecuente que coincidiésemos ambas parejas, en civilizada comandita, y que a la media hora tuviese yo que sacar a Luciana del sarao a pasear la histeria.

—No me niegues que es pura y simple anormalidad empeñarse en escuchar los noticieros culturales en estos momentos decisivos. No me lo niegues, por favor.

—No te lo niego.

—Y por si fuera poco, el barrenado de mi

marido propone una retirada temprana, porque mañana tiene un día ocupadísimo. Pero, ¡por el coño de la diosa Cibeles!, ¿cómo se puede tener un día ocupadísimo en estos momentos y en esta ciudad en que nadie da golpe, esperando el supremo tránsito? Ah, no, no y mil veces no, esta noche, cuando vuelva de dejar en su frigorífico a esa puta desgrasada, que no venga a arañar la puerta de mi dormitorio, que lo castro.

—Luciana, mujer, sopórtalo con elegancia. Que no se diga ahora que Diego te importa. La gente, que es muy mala, es capaz de ir propagando por ahí que, en cuanto Diego te provoca con una librenopensadora, te pones en legítima para dar la nota.

—Por muy mala que sea la gente, que lo es, no creo a nadie capaz de suponer que me afecta un marido que no me vale. Lo que me irrita es que no me dejen oír el parte del equipo médico habitual y que, encima, Diego se empeñe en hablar únicamente de él mismo.

—En eso tiene toda la razón del mundo para irritarte. Ahora parece, según me han contado, que va a pintar en pleno quirófano y durante la carnicería un trasplante de corazón.

—¿No consiguió pintar un partido de fútbol desde un banderín de córner y tuvo que terminar el acrílico como un árbitro, protegido por las fuerzas del orden público? Mientras se lo consientan, él, dichoso de ser noticia... Reconoce que, cuando todos somos conscientes de que está en juego el futuro de España, la inconsciencia de Diego constituye un atentado a la esencia democrática de nuestro pueblo.

—Tú, Luciana, déjale que atente, que atente... El derecho del artista a la excentricidad tiene sus límites. Y no raramente, en la integridad mental del propio artista.

—¿Qué quieres decir? —me preguntaba Luciana, mientras seguíamos caminando por las calles solitarias.

La noche se nos iba agotando y, en nuestros deambuleos por aquel Madrid expectante, por aquella ciudad velando como una monja fatigada, Luciana volvía a ser la misma de nuestras tardes en torno a la tetera, la que en veinte años nunca había sido para mí. De pronto, en el silencio de la madrugada, se detenía, abría los brazos en cruz, parecía esperar una señal y me abrazaba, susurrando:

—Y ¿si en este preciso instante...? Al fin y al cabo, es un ser humano.

Resultaba curioso recibir, simultáneamente, mi propio placer y el estremecimiento del cuerpo de Luciana. Si me atrevía a besarla, adivinando que ella consentiría, en aquel beso (a la estatua) el ardor de mi felicidad prevalecía, con asombro por mi parte, sobre la frialdad del rostro de Luciana en trance de vivir la muerte ajena. Temo que mi carne no volverá a sentir una dicha parecida.

Y es que —reflexionaba yo, después de despedir a Luciana en el portal de su casa— la atmósfera morbosa, que el esperado acontecimiento —a fin de cuentas, un episodio político— creaba, llegaba a contaminar también mis sensaciones más singulares e inexpresables. ¿Cómo me faltaban a mí aquel valor y aquel instinto, que Diego derrochaba, para imponer a las peripecias de la Historia el suceso de la felicidad? Siempre había sabido que (sea lo que sea lo que llamamos felicidad) se trata siempre de un espejismo individual. Había que deducir, por lo tanto, la fragilidad de aquella relación contaminada, el hecho indudable de que yo calentaba un cadáver cada vez que osaba abrazar a Luciana.

Quizá para fortalecer mi posición y, de paso, preservar mis ilusiones, decidí dejar de verla a diario y, en vez de acudir casi antes de que me llamase, me dediqué a frecuentar a Diego y a su apéndice femenino. Pronto Luciana se sintió traicionada y la agitación de aquellos días de la rutina en suspenso empezó a producirme algunos beneficios. Las náuseas de aburrimiento, que la egolatría de Diego me provocaba, eran compensadas por el acoso telefónico al que Luciana me sometía, que, al menos, me permitía creerme tan varonilmente insolidario como Diego. Esperaba que, por fin, se percatase de mi persona, aun a riesgo de que, una vez recobrada la normalidad, se pusiera de manifiesto que las caricias de mi persona habían sido consideradas una quimera o un esparcimiento.

No fue así y aquella conmocionante madrugada (en la que el país se puso de luto durante una semana y a la siguiente ya estaba olvidando al sepultado) me llegó el anuncio del óbito dormido sobre el diván de un bar y contra un sobaco de la escuálida, que olía a nardos. Hasta Diego interrumpió la glosa de un proyecto de programa radiofónico en una catedral, protagonizado exclusivamente por él, y se incorporó, como un súbdito huérfano más, al duelo. Perentoriamente reembriagados, abandonamos el local al ser cerrado por fallecimiento del dueño de todo.

Fuimos caminando por las calles con una animación desacostumbrada a aquella hora, en las que, de improviso, sonaba el claxon de un automóvil y, de inmediato, otro le contestaba; por calles rígidas de frío mesetario, recorridas por desconocidos que sólo se atrevían a cruzar miradas cargadas de un único sentido, por taxis huidizos, calles alumbradas por farolas de luces oscilantes, como hachones. Por turno, Diego y yo cargamos a nuestras espaldas con la escuálida, que salmodiaba gregoriano, la columpiamos sobre nuestras manos unidas, la obligábamos a correr, por el placer de correr, nos besábamos imprevistamente, por besarnos. Si permanecíamos atentos, la escuálida y Diego oían un fondo de violonchelos que, en un *crescendo* apenas perceptible, anunciaba ya la entrada vigorosa de las trompas. Yo sólo oía el rumor del bienestar fluyendo por mi sangre y sólo deseaba que una lluvia de sal dejase la ciudad convertida en una maqueta a escala natural.

Diego parecía conducirnos hacia un lugar determinado y, cuando llegamos, yo me quedé sentado en la tierra, mientras él buscaba imposibles flores y arrancaba hierbas para ofrendarlas, en aquella misma ladera de la montaña del Príncipe Pío, a los ajusticiados. Resultaba una generosidad heroica por su parte oficiar aquella ceremonia sin otros espectadores que la muchacha y yo, sin cámaras, ni micrófonos. Es más, sólo para mí, porque la espiritada criatura había desaparecido. Tardamos en encontrarla, arrodillada en las losas del cercano templo egipcio e incapaz de encontrar ella la dirección de La Meca. La fantasmagoría de las calles y de nuestros ánimos, iluminada ya por los primeros esputos del amanecer, nos fue llevando hasta el edificio, donde —en opinión de Diego— Luciana seguro que estaría durmiendo ajena al aquelarre.

En efecto, aunque después de una eternidad, nos abrió la puerta, tambaleante y mascando sueño, cubierta con una camisilla de brocado en tono ocre y con una escofieta azul, bellísima. Sin acabar de despertarla enteramente, la necrológica noticia la trastornó tanto que, hasta que la mesa de la cocina no estuvo ocupada por la cafetera humeante, los tazones y los zumos, los churros recalentados y una botella de aguardiente de la provincia (augurio de lo que podría haber sido una Arcadia madrileña), Luciana no se percató de la presencia de la chica y quizá, a causa de que la insensata manceba, tras el primer sorbo de licor, se sentó en las rodillas de Diego para morrearle mejor.

—¿Quién ha permitido entrar a esta furcia en mi casa? Diego, has perdido totalmente el norte y el decoro. Has perdido el oremus. Responde, si aún te queda vergüenza, chulo de mala muerte. Pero ¿es que os habíais creído, cuando todavía está húmeda de lágrimas la pantalla del televisor, que ya somos suecos? Os voy a enseñar ahora mismo a... ¡Yo, una mujer ultrajada, os voy a enseñar, infames, a no confundir la geografía con la historia!

Por delicadeza preferí cerrar los ojos, lo que no me ahorró la cadena sonora que habitualmente generan la expulsión a patadas de una hija de banquero, el subsiguiente regreso a la cocina y la expulsión, con ayuda de una silla enarbolada, de un marido. Luego, abrí los ojos, comprobé pasmado los desgarrones que había sufrido durante la batalla el camisoncillo de Luciana y, mientras Luciana estuvo gritando, el café se enfrió. Así es que vacié la cafetera en el fregadero, hice tila, coloqué sobre la ofendida frente un paño empapado en vinagre y, en esta operación de primeros auxillios, Luciana se levantó de la tabla de la plancha, arrojó el paño por una ventana y yo fui arrebatado al dormitorio.

Más tarde, tiré la tila fría por el fregadero, hice una segunda infusión de café, preparé tostadas y, Luciana bajo una túnica negra, yo bajo un albornoz de Diego, desayunamos con apetito y arrumacos, pasado ya el mediodía de la memorable jornada.

También, en efecto, resultó ser cierto que Diego había aceptado, a instancias de una famosísima emisora, encerrarse en una catedral durante una noche para transmitir a los oyentes sus impresiones y sensaciones de ultratumba (o de aburrimiento).

—Como exageran tanto —me explicó Luciana una de las noches (frecuentes en aquel diciembre a lo largo del cual se iba recuperando la normalidad cotidiana), en que Diego dormía en el apartamento de la banquera hija—, lo primero que debo aclararte es que no se trata de una catedral propiamente dicha, para lo que no han obtenido la oportuna licencia eclesiástica, sino de una basílica desafectada, pero enorme, catedralicia y con órgano en buen uso, que se encuentra en una de esas comarcas repletas de monumentos y pobladas de cooperativas agrícolas. Diego contará en directo lo que se le ocurra y, además del micrófono, sólo llevará una linterna, un cuaderno de dibujo y un escapulario.

—¿Para qué?

—Contra las apariciones malignas. Lo más seguro es que añada a la impedimenta una botella, para combatir las bajas temperaturas, y un termo de café, para no dormirse. Pero esas vulgaridades domésticas se las callan los de la emisora.

—Hay que reconocer, a poco que lo imagines, que el experimento puede resultar escalofriante.

—Tú ¿crees? Peores noches hemos pasado Diego y yo hace años, cuando Diego pintaba y pintaba bien. A mí me parece uno de esos enredos de los publicitarios, que un día ya no van a saber qué inventar y tendrán que ponerse a trabajar la tierra con un arado romano. Por lo pronto, el marchante de Diego, forzado por la demanda, ha contratado a un par de copistas, que no dan abasto. Diego sale algunas tardes del estudio con la muñeca dislocada de tanto firmar lienzos.

Como en el otoño, volvimos a vivir pendientes de la radio. Ya hacia finales de noviembre Diego había convencido a una gran parte de la audiencia, incluida Luciana, de que durante el verano señales luminosas (una mezcla de explosiones galácticas y de cometa Halley) habían anunciado el golpe de la guadaña a quienes, como él, pasaban la noche estudiando el problema de España en la bóveda celeste. Pero fue a partir del primer encierro de Diego en aquella especie de colegiata metropolitana cuando los acontecimientos se precipitaron, se hicieron, sobre todo, molestos para mí, que (debido posiblemente a la coincidencia en una misma fecha del final de veinte años de deseo reprimido y de cuarenta de represión dictatorial) no podía ya prescindir de Luciana sin sufrir de abstinencia.

Aquella heladora noche de diciembre cerca de un millón de ciudadanos no durmieron, pendientes de Diego. Mi felicidad en aquellas horas me impidió tales curiosidades y, luego, di más de una cabezada durante la retransmisión. Los sobresaltos de Luciana me iban despertando, conforme Diego describía las angustiosas dimensiones de la nave central a la luz de la linterna o las presencias invisibles que le congelaban al atravesarle o el ruido de miles de afilados dientes cebándose en la sillería del coro o los hundimientos parciales de las losas funerarias o los bisbiseos que escapaban de las capillas o la estridencia de las cadenas que sostenían las lámparas o la alucinatoria inclinación del retablo del altar mayor. Con tan amena parafernalia, fueron retirándose los murciélagos y las lechuzas se tomaron los últimos tragos de aceite, las primeras penumbras desfiguraron los vitrales y el aire se humedeció con el olor de los damascos carcomidos; comenzaba un amanecer (en palabras de Diego) más terrible y misterioso que las tinieblas. Mientras nos contaban la apertura de las puertas catedralicias, la salida de Diego y la entrada del sacristán, Luciana temblaba en mis brazos.

Hasta la segunda retransmisión (a petición de los oyentes), hacia finales de enero, Diego recuperó la costumbre, sin dejar por ello de proseguir durante el día su frenética actividad social, de dormir en casa. En parte, estaba cambiado, según Luciana; en parte, a mi juicio, le había devuelto al hogar la desaparición de la banquera esquelética la misma mañana en que Diego había surgido de las profundidades del templo en olor de incienso. Durante aquella segunda emisión, que Luciana siguió en mi casa (y en mis brazos), más de un millón de insomnes temblaron en tanto Diego iba encendiendo cirio tras cirio hasta conseguir que, desde el exterior, pareciese la catedral (en palabras del locutor) un ascua rutilante.

Con aquellos avatares, Luciana y yo nos encontramos alguna tarde que otra, la noche en que la televisión italiana encerró a Diego en las alcantarillas de Londres, la noche de los cirios y en pocas ocasiones más. Sin embargo, aun resultándome maravilloso estar con ella, me resultaba penoso el planeamiento de nuestra próxima convivencia, que Luciana, como una novia previsora, imponía como único tema de conversación. Después de dos décadas de pureza, en unos meses me había acostumbrado yo a la rijosidad. Sin permitirle escuchar la radio, asaltaba a Luciana y, después, tenía ella que soportar la resaca de mis celos, antes de que pudiese emprenderla con el futuro común. Yo, saciado y somnoliento, la oía igual que el que oye una respuesta incongruente.

Años más tarde, como en un eco retardado, acabaría yo por entender. Pero entonces ya sería inútil y también lo habría sido quizá comprender entonces que Diego, abandonado por la muchacha y recogido por Luciana, no era ya el timonel de su egolatría y de sus excentricidades. Mientras yo, sucesivamente, jadeaba, reprochaba y dormitaba, habría podido, hasta en sus más sórdidos detalles, intuir el rumbo por el que Luciana conducía a Diego. Hacia dónde me conducía a mí, también habría podido. Pero nunca —ni entonces tampoco, menos aún años después— había sido yo hombre proclive a buscar la verdad.

En aquellos días, recuperado del tedio, ahítos de fiestas y de reuniones, con los ojos abiertos pero aún legañosos, no era infrecuente que el pasado, como el retablo del altar mayor sobre Diego, pareciese venírsenos encima. Todo seguía lo mismo y, a pesar de que ningún síntoma anunciara los tiempos deseados, nada era ya igual. Pero pocos se decidían a desprenderse de las cadenas. Fueron aquellos días de muros cubiertos de pareados, de violencia desesperada, de la aniquiladora lucidez del inmovilismo, de corrimientos subterráneos que algunos (en sus toperas) detectaban mientras la mayoría ignoraba que el país estaba siendo de nuevo apuntalado, días en que hasta dejamos de creer en la muerte como fin de todas las cosas. Yo me preguntaba (sobre todo, cuando obscuramente sentía que Luciana era mía) si la victoria no es la más cruel confirmación de la imposibilidad de ganar.

Poco antes de la primavera, una tarde, en la que mi deseo y mis celos estaban particularmente exasperados, Luciana me anunció que acudiría a oír junto a mí una nueva emisión de Diego desde la catedral. A la noche y en mi casa el ritual de nuestros encuentros se cumplió. A las doce yo reprimía ya los bostezos de la lujuria solventada y de los celos desahogados, Luciana elegía la ciudad costera en la que pronto viviríamos, una audiencia superior a los dos millones de ciudadanos debía de aburrirse con las espaciadas impresiones que Diego, desde las tinieblas, iba desgranando; todo, incluso el prodigio, se infectaba de los modos de una relajante y conocida etiqueta.

Supe que me había dormido, aunque no cuándo, al despertar bruscamente. Entre Luciana y yo, entre las sábanas, el aparato lanzaba estruendosos y periódicos lamentos, arrancados del órgano, una discordancia sorprendentemente igual y que terminaba siempre en una nota sostenida de asombrosa acuidad. Luciana, pálida y tensa, se tapaba los oídos. Después de que mis caricias fracasasen en el intento de conjurar el hechizo, el concierto, con su monótona brutalidad, favorecía ya mi retorno al sueño, cuando cesó. Diego permitió que el silencio ahondase la expectativa, y hasta yo me desvelé. Luego, en tono fingidamente neutro, su voz anunció que se disponía a descender a la cripta mortuoria del templo. Luciana gimió y, por un instante, yo creí que había sonado otra vez el órgano. Pero el micrófono sólo transmitía lentas pisadas sobre la piedra, chasquidos de cerraduras, chirridos de verjas, la respiración que Diego acompasaba como si en vez de bajar estuviese subiendo.

Tan abstraído me tenía el melodrama radiofónico que sólo percibí que Luciana se había vestido cuando la sentí agitarse por el dormitorio en busca de su bolso.

—Todavía puedo llegar a tiempo —dijo, mirándome, y su rostro había vuelto a ser el mismo del último otoño, el rostro de la mujer a la que durante veinte años yo había entronizado en el respeto.

Conseguí calzarme unos pantalones y unas pantuflas, mientras Luciana encontraba las llaves del coche. En el ascensor me abroché la gabardina y únicamente ya en la carretera, cuando Luciana aumentó la velocidad a la que habíamos salido de la ciudad, tuve la certidumbre de que llegaríamos tarde. Aunque apenas habló durante aquellas horas, atenta a devorar distancias, a lo largo de la noche fui convenciéndome de que

Luciana tenía prisa, no por llegar a tiempo de impedir lo que ella sabía inevitable, sino por asistir a un final que se había precipitado sin ella haberlo previsto. Y a pesar de que no pronunció ni una sola vez durante el viaje su nombre, a pesar de que yo remotamente pensé en él, a lo largo de la noche me vino por primera vez la sospecha de que mis celos habían equivocado su objetivo.

Llegamos a la madrugada, cuando una considerable multitud llenaba la plaza de la catedral. De inmediato, fui separado de Luciana por una turba de reporteros y de curiosos. Poco había que hacer allí, porque el templo había sido ya registrado desde el cimborrio a la cripta sin que Diego apareciese. Me refugié en un bar, después salí y, deambulando, rehuyendo a los amigos que se concentraban alrededor de Luciana, descubrí, arrodillada en la escalinata del atrio, a la escuálida. Sus hábitos de monja me habrían impedido reconocerla, pero, más que su rostro, era inconfundible el movimiento de sus tocas, un cabeceo idéntico al de aquella madrugada en que, también arrodillada, buscaba la orientación de La Meca en un templo egipcio.

Comenzó un nuevo verano, coincidiendo más o menos con aquel matutino despido en Palacio, con unos calores durante los que rebrotaron las ilusiones y las ortigas crecían ya entre los escombros de una época, con el día en que, transcurrido un prudencial alivio de luto por el desaparecido, Luciana me comunicó que se casaba con el marchante de Diego. Me había citado a muy temprana hora de la mañana y en un parque público, sólo injuriado por gentes correteando en busca de la fuente de la eterna juventud.

Algunas semanas más tarde volvió a citarme allí mismo y, ya desde entonces, acudió siempre vestida con detonantes pijamas deportivos, que la hacían tan apetecible como cuando no estaba embarazada. Al regreso del viaje de luna de miel la preñez ostensible había asentado su atractivo. Comenzaba otro otoño y algunas de aquellas mañanas olían ya a frío. Luciana renunciaba a correr, paseábamos, nos sentábamos en un banco, consentía en que abandonase una de mis manos sobre su vientre. Si recordábamos los malos tiempos (pasados), yo comprendía que para algunos la libertad, cuando llega (y nos trae exactamente lo que siempre habíamos esperado), llega siempre retrasada. Como decía Luciana, disimulando su caminar torpón apoyada en mi brazo:

—No parece, cariño, que a ti y a mí la democracia nos vaya a servir para mucho.

Los domingos del barrio

Desde la época en que Domitila se casó, desde aquellos inmemoriales tiempos en que asfaltaron las últimas calles adoquinadas, Manolo salía los domingos antes de que amaneciese. Apenas habían empezado a calentar cafeteras los bares de desayuno con precio especial hasta las 11 y ya Manolo regresaba de hacerle el inventario y balance al barrio. Con los años, más que detectar alteraciones urbanísticas o comerciales, durante aquellos paseos al amanecer por las calles solitarias picoteaba recuerdos, perdía la pista de pensamientos vagabundos. El lunes, al recuperar el ritmo de la rutina, contabilizaba escrupulosamente los cambios, acaecidos o anunciados, en las tiendas, los solares y el personal. Manolo, al final de su desvaída adolescencia, se había quedado en el barrio como quien se va de misión a tierra de infieles.

A partir de la invasión del comercio de material audiovisual e informático (rama que para Manolo constituía una inútil anticipación del futuro), se sentía menos responsable de la vida colectiva. La desaparición de una vieja tienda, hasta las vísceras que al barrio le arrancaban dejando artificiosas e inacabadas plazas, la extirpación de las farolas autóctonas (que luego repusieron por unas de imitación), eran atentados que le escocían menos de lo que le indignaban. Cuando le llegó la edad de percibir el paso del tiempo, decidió ignorar los cambios y gustar la provisionalidad de lo permanente. Un día había pensado que, por mucho que se estuviese acelerando la transformación del mundo, aún más deprisa cumplía él años. El barrio, siendo otro, todavía (por desgracia, según Rosa) continuaba siendo el mismo barrio en el que había nacido y, aunque era ya un garaje atestado, sería reconocible hasta bastante después de que él muriera.

Ahora que sus dos sobrinas llevaban la mercería, bajo su relajada supervisión, se había hecho a la idea de que no tardarían en convertirla en una elegante ropavejería para gente cruda. También él, al morir su madre, había ido suplantando en la tienda, quizá con mayores miramientos, a su padre. También su padre (pero Manolo rehuía aquellos recuerdos) se había ido aficionando a la desocupación, a las manías, a la enfermedad. Después, Manolo llegó a estar convencido de que se casaría con Domitila, tuvo lugar el sanguinario crimen de la calle de Cordeleros, Cayetano traspasó la taberna y en el barrio se abrió la primera cafetería a la americana.

A pesar de que Rosa a aquellas horas tempranas del domingo solía tener adusto el ánimo, Manolo la telefoneaba e invariablemente recibía la respuesta de que a la tarde ya sobraría tiempo para chichisbeos. Si no le apetecía entretenerse con alguna chapuza casera, salía para misa. Si no se quedaba traspuesto durante el sermón, a la mitad del sacrificio se salía al atrio a esperar al concejal del distrito, para preguntarle si la autoridad municipal era consciente de la mamarrachada de festejos con los que intentaba provocar, a la usanza de las auténticas verbenas, la participación del vecindario. Pero frecuentemente la mañana se le pasaba en un suspiro, con la llave inglesa entre las manos o con el misal en un bolsillo de la chaqueta.

Demasiados parientes y amigos, desde que Manolo sirvió en África, habían escapado a otros barrios de la ciudad, a otras ciudades, incluso a otros países. Pocos se dejaban caer cada tanto de visita. Algún chico, hijo de los que se casaron pronto, había regresado a donde nunca, o apenas, vivió, aunque elegían siempre una de aquellas casas, levantadas sobre los solares de la especulación, con una fachada hipócrita que, como fingiendo que no le habían partido la cara al barrio, presumía de conservar la fisonomía tradicional. Con todo, al mediodía Manolo encontraba por las concurridas calles suficientes rostros a los que devolver el saludo y, excepto los domingos de agosto, rara vez los de su edad tenían que completar la partida con un joven.

Antes de darle al naipe y aun sabiendo que ella alegaría tener bastante con la cocina para dedicarse al aperitivo, Manolo telefoneaba a Rosa y le invitaba a un vermut con aceitunas. Si tras el tercero bebía un cuarto, la euforia le quitaba el hambre y, sin pasar al comedor del fondo, se largaba hacia el suroeste, hasta los confines del barrio. Allí todavía era posible sentarse en un pretil a ver pasar la basura que arrastraba el río y no asfixiarse con los escapes de los camiones. Mientras no lloviera, helase o abrasase, lejos de las esquinas diarias el espíritu se enardecía y se encabritaban las ilusiones. Parecía fácil, como ya cumplido, convencer a Rosa de que él era un hombre de carácter, no de carácter aparente o hasta jactancioso, como el de tantos, pero sí constante y formal. La prueba era que él sabía sufrir sin que la gente se percatase.

Debía reconocer, cuando ya le había de servir

para poco, que últimamente había aprendido a sufrir menos. O a pensar los sufrimientos, como si fuesen asuntos. A lo que no aprendía, sino al revés, era a desterrar los malos sueños. Últimamente el tercer sábado del mes, después de haber desfogado con una de confianza, regresaba a medianoche sin remordimientos y sin amargura, contento de no habitar en otra parte de la ciudad. Y sin embargo, a los pocos días, la noche más imprevista soñaba de nuevo que, mientras regresaba sosegado y soñoliento, las calles conocidas se mudaban sucesivamente en plazuelas y encrucijadas que nunca había visto, en unos oscilantes lienzos que le desorientaban angustiosamente y que le impedían entrar en el barrio.

Tanto si se encontraba a la orilla del río como si ya se peinaba frente al espejo o se echaba colonia en la pechera de la camisa, Manolo se ponía en movimiento, utilizaba los pies para desmenuzar la horrorosa pesadilla del laberinto. Era frecuente, por tanto, que se encontrase dando vueltas sin rumbo por las proximidades del bar de su cita dominical con Rosa. También era frecuente, en otoño, que se detuviera a especular con alguien sobre la inminente llegada de los recibos de la contribución. En verano no faltaba quien le comunicase que en el Cine Olimpo, como en los años felices durante los que fue teatro, iban a dar una temporada de zarzuela. Cuando en invierno a aquella hora de la tarde en el cielo sólo quedaban unos hilos descoloridos, Manolo se detenía en la plaza de la fuente a contemplar la bulliciosa partida de los autobuses de las peñas futbolísticas, la algarabía de los pitos y de los bombos, las banderas ondeantes, con alternativa monotonía semanal, de unos y otros colores.

A los unos y a los otros les preguntaba quién era el rival y les deseaba la victoria. Curiosamente ya no se preguntaba a sí mismo (y es que lo había olvidado) cuándo y por qué había perdido la afición al fútbol. Le gustaba oír las discusiones de los forofos, informarse de los premios millonarios de las apuestas y, eso sí, se alegraba cuando ganaba España. De repente, el tiempo que estaba perdiendo se le echaba encima y en ocasiones, al entrar Manolo en el bar, Rosa había pedido ya las tazas de chocolate y los mojicones.

Luego, con el primer sorbo a su copa de aguardiente, a Rosa se le desataba la lengua y Manolo, grave y complacido, escuchaba el torrente de sucedidos de la semana, sus derivaciones a los sucedidos de la semana anterior, del mes anterior, a los acontecimientos de décadas perdidas en la bruma. Manolo sólo temía que Rosa, mientras hablaba, pegase la hebra con alguna conocida de las mesas vecinas. Intensificaba su expresión atenta, intercalaba gestos o monosílabos, encargaba otra ronda de aguardiente cuando las frases de Rosa se espaciaban. El silencio caía bruscamente y Manolo, carraspeando, se estrujaba el cerebro, porque, efectivamente, a los pocos segundos Rosa ya le instaba a que él contase lo que tuviese que contar. Pero, por lo general, nada más empezar a hablar Manolo, Rosa le interrumpía, puesto que eso mismo ya se lo había dicho el martes, cuando la telefoneó a la hora de la cena, o en la mercería el miércoles o el viernes, justo frente al ambulatorio. Y es que, como Rosa tenía archicomprobado, él, Manolo, llevaba una época con la cabeza más a pájaros de lo usual, a causa, sin duda alguna, de andar desde la mañana a la noche chateando con los amigotes o zascandileando, a saber con quién, por las calles céntricas.

Manolo se recomponía, acumulaba valor para expresar la inexpresable verdad de su vida íntima y, como preludio, le contaba a Rosa que en el Olimpo iban a dar una temporada de zarzuela. Rosa precisaba que a Manolo únicamente le gustaba la zarzuela arrevistada, por las coristas. Entonces Manolo, sin más preámbulos, le confesaba que algunas noches soñaba que Domitila moría y él se quedaba viudo. Pero lo normal era que Rosa, hubiera o no establecido conversación con alguna conocida de las mesas vecinas, vigilase con ojeadas a la pantalla la marcha de la programación y, a veces, el propio Manolo acababa hipnotizado por la serpiente de forma rectangular. En todo caso, el momento de la marcha se presagiaba con variable antelación y siempre, en aquella hora de la tarde acabada, Manolo sufría una resignada murria, la imprecisa certidumbre de que, a la larga, el carácter sólo vale para equivocarse más.

El aire de la noche le reanimaba y, comenzando la lenta paseata con arreglo siempre a idéntico itinerario hasta la casa de Rosa, ásperamente, como ella hablaba y quizá le gustaba que le hablase, Manolo, basándose en que ya estaba bien, le exigía que de una puñetera vez se casaran. Algunos domingos Rosa escuchaba con la cabeza gacha, se detenía incluso cuando él se paraba, le miraba a los ojos. Otras noches argumentaba que, precisamente por la edad de ambos, podían tomar la cosa con calma y sentido común, sin las urgencias rijosas de la juventud, ni la obligada precipitación de los viejos. Manolo rejuvenecía y le arrancaba a Rosa una promesa de pronta aceptación. Sin que fuese posible descubrir la causa, no faltaban domingos en que Rosa se negaba en redondo a tratar semejante patochada y no porque temiese que Manolo le saliera camastrón, ni porque ella tuviese otros planes o, que Dios la librara, se le hubiese metido en la cabeza otro hombre, ni menos porque no le guardase consideración o se dejase influir por los muchos defectos que a él le acarreaban su falta de carácter y su chaladura de creerse la conciencia del prójimo, sino, sencilla y llanamente, porque, si en tiempos ella misma había disuadido a su prima Domi de que se casase con Manolo, mal podía, al presente, convencerse a sí misma de lo ídem. En el portal, dándose un apretón de manos de despedida, indefectiblemente Rosa le invitaba a ver la película mientras cenaban e indefectiblemente, demostrando que él también sabía decir no, Manolo declinaba la invitación.

Aunque, de pronto, sentía el casancio del ajetreo del domingo, aún daba un caprichoso rodeo por calles que, ignorando el motivo, prefería desde la infancia. Ahora que determinada zona del barrio solía ser cabecera de manifestaciones sindicales, le extrañaba más, en tanto se acercaba a su bar habitual, atisbar a los muchachos embadurnando las paredes de pintadas. Manolo pensaba que quizá en otro lugar de la Tierra él no se habría disuelto en el ambiente, pero él sabía, aunque tardase en recordarlo, que en otro lugar no habría nacido. En la plaza de la fuente, derrotados o vociferantes, desembarcaban de los autobuses. Las sobrinas, que eran chicas responsables a pesar de sus ideas, habían dejado bien cerrada la persiana metálica de la mercería.

Entraba en el bar y olvidaba a Domitila. Luego, ya camino de la cama, el bicarbonato en lucha con los huevos duros, los calamares fritos y el vino de la velada, Manolo, precaviéndose de la noche y sus fantasmas, se atrevía a considerar que probablemente él, cuando la noche más imprevista la soñaba, soñaba al contrario la pesadilla del laberinto.

El dueño del hotel

Vista panorámica

En lo alto de la loma que se extiende paralela al mar, pero no en la ladera de las fortificaciones y de los acantilados, sino en la vertiente que desciende al valle en que se asienta el núcleo principal de la ciudad, había construido el hotel. Desde la terraza de una de las habitaciones del quinto y último piso, el constructor y dueño del hotel pensó una vez más que no había mejor plano de la ciudad que el panorama que desde allí contemplaba.

En efecto, el espectador podía identificar al instante la estructura reticular de una ciudad moderna (o familiarizarse pronto con ella), cuyo crecimiento a lo largo de un siglo se había interrumpido al agotarse el mineral en los cercanos yacimientos. Si el espectador giraba su mirada (y así fue mirando el dueño aquel atardecer del día anterior a la inauguración del hotel) desde la derecha del paisaje que tenía enfrente hasta completar a su izquierda un arco de círculo (que a espaldas del espectador se cerraría en el mar), sucesivamente se mostraban a su atención: algunas casamatas de cemento, vestigios en la hierba del cerro de la última de las guerras civiles; el cementerio de las tres religiones mayoritarias en la ciudad; la ciudad propiamente dicha, el parque municipal bajo las terrazas del hotel, calles, plazas y templos ocupando el valle, las lejanas colinas cerrando el horizonte; luego, la terminal del ferrocarril minero, ya desafectado, la rada de mar afuera, el puerto, una estrecha playa y los llanos yermos desapareciendo en la lejanía. Por mucho que la mirada se demorase en los escasos buques acostados a los muelles, en el espigón parcelando la bahía, en la superficie del mar hirviente de reflejos, en las ruinas del ferrocarril, de su puente y del descargadero del mineral, el observador, girados ya la mirada y el cuerpo a la izquierda, inevitablemente encontraba las escarpadas rocas sobre las que se asentaba el castillo y, dentro de su recinto fortificado, la ciudad antigua, en cuyo límite (y aquí, desde la terraza acababa la vista panorámica) el hotel había sido construido.

Finalizado el inventario del invariable paisaje, el dueño pensó que el primer ocupante (todavía desconocido) de aquella habitación contemplaría en un futuro ya muy próximo no tanto un variado panorama o un plano de la ciudad a escala natural, sino un decorado. Poco más tarde, con el sol resbalando por la bahía y un inicio de levante picando la mar abierta, el dueño pasó de la terraza a la habitación y salió al pasillo.

Ajetreo de última hora

Algunos de los pasillos permanecían solitarios, desmesurados por la luz declinante del atardecer. Pero en otros y en las dependencias comunes del hotel se afanaban obrcros y empleados en tareas de última hora. Así, a nadie extrañaba aquella tarde pasar de espacios silenciosos a ruidosas zonas de incesante ajetreo, donde se limpiaba, reparaba, modificaba o instalaba, bien un ventanal, una conducción del aire acondicionado, la disposición de unos cuadros en un salón o las mesas de juego.

Las consultas y las decisiones, dada la premura, no siempre ascendían y retornaban estrictamente por la escala jerárquica. Un mozo de comedor se dirigía al jefe de compras o una camarera recibía la solución a su problema no de la gobernanta, sino quizá de un electricista o simplemente de otra compañera de su rango. Esta flexibilidad de relaciones imprimía una sensación de celeridad a la incesante labor; en cierto modo, transmitía también un paradójico aire de fiesta o, al menos, aligeraba el trabajo de su rutinaria pesadumbre.

Sin seguir un itinerario prefijado, el dueño, dejándose llevar por aquel régimen de necesidades perentorias e imprevistas, fue y vino de un lado para otro, uno más en el diligente desorden que ponía a punto el hotel. Improvisó decisiones, escuchó consejos, apremió por teléfono a proveedores retrasados, se detuvo a comentar con algún colaborador innovaciones parciales o, incluso, algún incidente extravagante o jocoso.

No supo, por tanto, qué designio le había conducido hasta el jardín, pero (como quien, sin haberse percatado de que tenía sed, se encuentra de pronto con un vaso de agua en la mano) el dueño refrenó la viveza de su paso y se abandonó por los paseos de arena, obscurecidos ya por la noche reciente. El amago de viento de levante había pasado y el aire tranquilo, cálido y oloroso, serenó al dueño del hotel.

Sentado en un banco, cerca de la alambrada que separaba el jardín del hotel del parque municipal, oía el murmullo de la ciudad en aquella hora postrera del día. Como un eco de aquel persistente murmullo, a veces rasgado por un sonido vibrante, en la mente del dueño comenzaron a percutir recuerdos informes.

La memoria renuente

Ahora que todo estaba a punto de cumplirse, su memoria se resistía a un orden cronológico. En parte, el dueño presentía que aquel descanso significaba (quizá como la engañosa calma de la atmósfera) una pausa antes de entrar de nuevo en el hotel. Pero que, en realidad, aquel aislamiento era provisional y que actuaba sobre su memoria más como un freno que como un acicate.

¿Cuándo había tomado la decisión de construir el hotel, en cuyo jardín se guarecía y que en pocas horas sería abierto al público? A imágenes de rostros hostiles y de rostros amados se mezclaban resucitadas sensaciones de amargura, de desaliento, de ímpetus irreflexivos y de errores vergonzosos, uniformes horas de paciencia o de estériles dudas. Su memoria se resistía a fechar los acontecimientos y de la pasta del tiempo arrancaba alternativamente grumosos períodos o el regalo no buscado de avatares insignificantes.

¿No hubo un tiempo en que temió que con

aquella excluyente construcción pretendía redundantemente erigir una réplica? ¿No pasaron acaso otros años durante los que le guió el propósito de ofrecer, contra la tristeza de las bibliotecas y la angustia de los museos, la pasajera alegría de los hoteles? Pero las sospechas de los fines últimos, tan intensas y fugaces como relámpagos, tan infrecuentes, ¿no quedaban ocultas en el enjambre de coartadas, argucias y compromisos, cuyo obsesivo zumbido favorecía la tendencia a ignorar y a ignorarse del dueño del hotel?

Aunque ahora no recordase con precisión, él sabía. Y precisamente porque él sabía todo, no recordaba. En todo caso —se dijo—, ya estaba hecho y tratar de recordar la historia de la construcción del hotel resultaba tan inútil como preguntarse por la procedencia del capital fundacional o, lo que aún le parecía más inútil, querer averiguar si el balance de aquellos años le satisfacía o le dejaba insatisfecho.

A cambio, sin que él supiese por qué, la incierta memoria le vedaba entrar en tiempos que su conciencia catalogaba como dichosos. Quizá la memoria creaba la incertidumbre de los recuerdos para no confundir el presente, ni afantasmar con lo que ya no existía la contundencia de la magnífica edificación a punto de inaugurarse. Por un instante, sin previo aviso, el pasado se iluminó y el dueño tuvo la certidumbre, durante ese instante, de que nunca había tomado la decisión de construir el hotel, sino, sencillamente, que lo había construido.

Entonces oyó el silencio de la ciudad. Allí abajo, iluminada, sus habitantes se disponían al descanso. El dueño del hotel se puso en pie y rápidamente recorrió los senderos del jardín, impaciente por reincorporarse al afán colectivo que bullía en el interior del edificio.

Sin embargo, cuando entró, todo estaba dispuesto. Habían desaparecido los obreros y únicamente le esperaba un reducido grupo de directivos y de empleados del turno de noche. Aunque sorprendido y defraudado, pensó que era preferible que todo se hubiese cumplido durante el tiempo en que él había permanecido, confuso y nostálgico, en el jardín.

Ensayo general

Consultó con sus más cercanos colaboradores la posibilidad de llevar a efecto la idea que se le acababa de ocurrir. Aplaudida por los directivos, aceptada, en principio, por los empleados del turno de noche que aún no habían abandonado el hotel, el dueño y sus colaboradores se dirigieron al bar y, después, pasaron al comedor, donde se les sirvió la improvisada cena, frugal pero impecable.

La finalidad utilitaria de que el dueño se convirtiese en un fingido primer huésped durante aquella noche complació ostentosamente al personal. Al menos, tuvo el dueño la impresión de que la diligencia y exactitud del servicio estaban motivadas tanto por el deseo de agradar como por la emulación que inopinadamente había suscitado aquella prueba.

El dueño sabía, no obstante, que, con independencia del carácter utilitario con el que había cubierto su propuesta, aquella idea inesperada respondía al deseo (que nunca hasta entonces había sentido) de utilizar personalmente, siquiera fuese por unas horas, su propiedad, una propiedad que, por su naturaleza, estaba destinada a incesantes y fugaces poseedores. Luego, ya en la habitación que le habían asignado en recepción, consideró pueril su deseo y, para encubrirlo más, incluso ante sí mismo, telefoneó a conserjería y pidió que le enviasen cigarrillos.

Había indicado la hora temprana a la que quería ser despertado y había colocado en el pomo exterior de la puerta la orden del desayuno. Utilizó concienzudamente el cuarto de baño, revisó los armarios, verificó la seguridad del cofre para pequeños objetos de valor, leyó con detenimiento la hoja de identificación del establecimiento en la que figuraba el precio del hospedaje, la lista de precios de la lavandería, las instrucciones para el uso de los timbres y del teléfono, los folletos propagandísticos colocados sobre las mesillas y hasta estudió el croquis de señalización de la salida más próxima para caso de incendio. Decidió, antes de acostarse, fumar un cigarrillo en la terraza.

Se entretuvo observando la ciudad dormida, ciudad en apariencia distinta a la que había contemplado al atardecer. En ocasiones le resultaba difícil verla por mucho que la mirase, a causa quizá de una inveterada costumbre. Su largo conocimiento de ella no impedía, sin embargo, sorpresas, originadas por el olvido o la desatención. Por ejemplo, visible la red de sus calles por las líneas de luces del alumbrado público, percibía ahora en el fondo del valle, al pie de las colinas fronteras al hotel, las luces verdes y rojas de la pista del diminuto aeropuerto que aquella misma tarde, invisibles a la luz solar, no había recordado. Por el contrario y debido a alguna razón desconocida, permaneciendo aquella tarde tan invisible como ahora el kiosco de la música, siempre (también ahora) lo ubicaba exactamente entre los tamarindos del parque municipal. Tanto cuando su conocimiento suplía algún fragmento de la realidad que observaba como (y era lo más frecuente) cuando reparaba sus carencias de observador, el dueño del hotel experimentaba frente a la ciudad una sensación de extrañamiento, casi de enemistad, absurda, ya que no recordaba haber estado nunca en ninguna otra ciudad.

Aunque ya había acabado el cigarrillo, continuó en la terraza imaginando la ciudad azotada por el levante. Mirando fijamente las escasas y macilentas luces del puerto, recordó el esplendor de antiguas noches, en las que la zona portuaria parecía arder de luz y hasta el otro extremo del valle llegaba el murmullo incesante de las operaciones de carga y descarga, roto por los bramidos que cada tanto brotaban de los cafetines, por la música de la noche despierta.

Una llamada repiqueteó en la puerta de la habitación y el dueño del hotel regresó bruscamente de sus ensoñaciones y recuerdos. No habían olvidado su costumbre de tomar un analgésico y un vaso de leche antes de dormir, y se los traía una camarera. Pero, antes de que él hubiese terminado de agradecer la solicitud del servicio del turno de noche a la camarera y cuando ésta se disponía a salir de la habitación, llegó un botones, que traía, como cortesía reservada a los huéspedes distinguidos, un cestillo de frutas envuelto en papel celofán y prendidas ostentosamente al envoltorio dos tarjetas, una de la dirección del hotel y otra con el nombre del dueño.

En lo profundo de la noche

En lo profundo de la noche volverían a llamar a la puerta de la habitación. Durante un tiempo de duración confusa, la llamada quizá sobresaltaba al dueño del hotel sin llegar a despertarle o quizá le hacía soñar que uno de sus sueños ya le había despertado y que la llamada, que habría de repetirse, únicamente le sobresaltaba.

Hasta entonces había dormido inquieto, a pesar de la comodidad de la cama. Los sueños se sucedían unos a otros, en tropel, aunque la fuerza de algunos le arrancaba de la vorágine y le abandonaba, como sobre una playa batida por imprevisibles mareas, a somnolencias intermitentes. Una ciudad ocupaba esos tiempos más próximos a las apariencias de la realidad que a las incongruencias del sueño y, si bien esa ciudad parecía ajena, nunca faltaba en ella el hotel.

En los ratos de duermevela al dueño del hotel le tranquilizaba que el edificio, a pesar de carecer aún de fachadas, mostrase un interior totalmente acabado. No pocos de los transeúntes que deambulaban por las cercanías se detenían a contemplarlo y en sus rostros tanto como en sus palabras inaudibles comprobaba el dueño esperanzadores signos de aprobación. Nadie parecía percatarse de que sería difícil dormir en aquellas habitaciones a la intemperie, sobre todo en las noches en que soplara levante, y esta falta de percepción de los espectadores, fingida sin duda para no alarmar al dueño del hotel, a éste lo sosegaba lo suficiente para rendirse de nuevo al sueño.

No debía de transcurrir mucho sin que el descanso de su mente fuese alterado por el mandato de efectuar una ronda de inspección. En contraste con los períodos de somnolencia, encontró ahora cegadas todas las aberturas al exterior del edificio y, extrañado de no sentir claustrofobia (pero temiéndola), recorría los desnudos pasadizos de aquel cubo de cemento, horadado de habitaciones en las que se hacía ineludible su presencia.

Efectivamente, la porcelana de los baños, incluso el mármol de las bañeras circulares en las *suites* de lujo, se llenaban de diminutos puntos negros. Debía contener una malsana complacencia para concentrarse en la busca de un remedio a aquel fenómeno, cuya repugnante floración desaparecía con sólo cerrar los ojos. Así lo hacía el dueño del hotel en su sueño, pero en la penumbra de la habitación en que dormía los ojos se le abrían desorbitados.

Sin embargo, gracias a una indicación oportuna, pensó que no estaba soñando, sino que alguien, probablemente en alguna de las habitaciones contiguas, afirmaba que de la porcelana brotaban, sin esfuerzo, las negras cabezuelas de un género de lombrices que se creía desaparecido hacía siglos. El dueño del hotel aguzó el oído y, en efecto, una voz de mujer se extrañaba de que el hombre, a pesar del agua jabonosa, al salir de la ducha no se hubiese percatado de la acumulación en las plantas de sus pies de aquellos voraces gusanos.

El interlocutor de la mujer la maldecía por malgastar el tiempo en reproches. En realidad, de ella sólo se percibía ahora una risa contenida, en sordina, como la risa de una mujer que se aleja o que hunde el rostro en la almohada, mientras la voz masculina proclamaba una atropellada sucesión de infidelidades supuestas, de ofensas y miserias. El dueño temió que la cólera del hombre, alimentándose de la sonoridad de sus propias palabras, llegase a despertar a posibles huéspedes en las habitaciones vacías. En consecuencia, el dueño del hotel se dispuso a llamar al médico de guardia.

Fue entonces cuando tomó conciencia del repiqueteo constante que sonaba al otro lado de su sueño y, sin pensar en que acudía a la llamada, se levantó de la cama, dio unos pasos inseguros y, orientándose por el ruido crecientemente desconsiderado, abrió. Uno de los camareros del turno de noche le comunicó, sin la más mínima disculpa por haberle despertado, que una señora exigía ser recibida por el dueño del hotel en aquella habitación.

Preguntó irreflexivamente el nombre de la señora, pero ni siquiera escuchó la respuesta del camarero, porque, acabándose de despertar, había comprendido que se trataba de un simulacro de inesperado incidente nocturno, una fase más del ensayo general (que él mismo había concebido), urdida por el celo imaginativo del conserje de noche. Sonrió, porque incluso el conserje había enviado como mensajero de aquella insensata noticia a un camarero con la chaquetilla desabrochada, mostrando la suciedad del alzacuello postizo, y en las mejillas una descuidada barba. Tan patentes eran la falta de aseo y la zafiedad de comportamiento de aquel sujeto que, evidentemente, se trataba de introducir en el ensayo una distorsión, calculada para poner a prueba los mecanismos correctores.

En el desempeño de su papel de mensajero,

el camarero exigió acremente instrucciones. El dueño del hotel volvió a preguntar por el nombre de aquella señora que pretendía imperativamente subir a su habitación. Exagerando, como un mal actor, el tono desabrido, replicó el camarero que ya le había dicho que desconocía el nombre y, por supuesto, la categoría social de la dama. Decidido a seguir el juego, el dueño del hotel ordenó al camarero que rogase a la visitante unos minutos de espera, el tiempo de vestirse y bajar al vestíbulo. Por lo demás, le amenazó veladamente con transmitir a su superior directo una enérgica queja por la descortesía y la inoportunidad de aquella llamada a horas intempestivas.

El camarero encogió los hombros y se alejó mascullando injurias, contenidas por el miedo a perder el salario, en el que (así, al menos, lo pensó, al cerrar la puerta, el dueño del hotel) se incluía el desempeño no sólo de su misión, sino también la representación de una apariencia reprensible.

No obstante, mientras se refrescaba el rostro en el lavabo, el dueño del hotel fue sustituyendo la suposición de un ensayo de incidente por la sospecha de que, sin fingimiento alguno, algo insólito había sucedido en tanto él dormía, un altercado o una súbita anormalidad en la estricta admisión de clientes. La desastrada apariencia del camarero y su grosero comportamiento denotaban, pasado el momento de sorpresa, más que un engaño programado, la cruda realidad impuesta por la improvisación y la alarma, que suele producir la ruptura de la convencionalidad cotidiana.

Nervioso, azuzado por los presagios de una realidad imprevista pero insoslayable, terminó de vestirse y precipitó su salida de la habitación. En el pasillo oyó de inmediato el familiar rugido del levante. Habituado (por algo había terminado la construcción de aquel hotel, uno de cuyos ascensores esperaba ahora) a ejercitar un valor empecinado contra la incongruencia, logró serenarse y, al desembarcar en el vestíbulo principal, había ya aceptado la indignidad de sentirse tranquilo ante el absurdo.

A la escasa luz del alumbrado reducido descubrió, junto a las puertas giratorias, al mismo camarero que le había despertado y que, mediante una inclinación lateral de la cabeza, le indicaba el exterior. Antes de salir pudo percibir sobre el mostrador de la conserjería la librea del conserje de noche y el bulto de un hombre en mangas de camisa durmiendo estentóreamente en un sillón. Fuera, la fuerza del viento le detuvo en lo alto de la escalinata de acceso.

En la explanada destinada a aparcamiento

reservado para automóviles de huéspedes y visitantes, el levante llenaba la soledad de fragor y movía el vacío circundado de sombras, como —recordó el dueño del hotel— de niño creía él seguir moviendo las pompas de jabón cuando ya le habían estallado en las manos. Entonces, vio a la mujer alejándose por el centro de la explanada. Bajó dos escalones y, al instante, ella se detuvo y dio media vuelta. Durante un tiempo ambos se miraron y él, a pesar de la distancia que los separaba, se dijo que aquella mujer no le era totalmente desconocida, quizá porque en ocasiones la había imaginado.

Pareció adivinar la intención del dueño del hotel, ya que, un instante antes de que él bajase al siguiente escalón, la señora, cuya amplia falda el viento azotaba, giró sobre sí misma y, manteniendo con una mano separado de sus labios el encaje del sombrero que le velaba el rostro, continuó alejándose por la explanada. El dueño dejó de dudar y tuvo la certeza (que en seguida consiguió olvidar) de que nadie había programado aquella visita con el fin de poner a prueba el funcionamiento del hotel.

Puntualmente, a la hora que había ordenado la noche anterior, sonó el timbre del teléfono. Durante la madrugada había dormido libre de pesadillas un sueño reparador. Se levantó diligentemente y, mientras se afeitaba, comprobó que también con puntualidad le traían el desayuno.

Ya vestido, bebió lentamente dos tazas de café y fumó el primer cigarrillo del día. Desde la terraza vio que subían por la calle sin edificios que bordeaba el parque los componentes de la agrupación musical de la ciudad, que intervendrían en los actos de inauguración del hotel. Por teléfono le comunicaron, cuando llamó a las oficinas de la dirección, que las autoridades locales habían confirmado la asistencia a la hora prefijada.

El recuerdo, cada vez más difuso, de los sucesos de la última noche le hizo pensar que, hasta que no entregara la llave de la habitación en conserjería, no concluiría su participación en el ensayo general como fingido primer huésped del hotel. Después de una última ojeada a la ciudad desde la terraza, se disponía a salir cuando sonó el teléfono. De recepción preguntaron si el señor tenía ya decidido abandonar el hotel aquella mañana. Contestó afirmativamente y también a la pregunta de si podían prepararle la cuenta. A cambio, contestó negativamente al ofrecimiento de buscarle pasaje, marítimo o aéreo, que le hizo el recepcionista. Luego, como quien a punto de finalizar la representación se permite improvisar irónicamente una réplica veraz, al anuncio de que mandarían a buscar su equipaje contestó rotundamente que no tenía equipaje.

Nada más abandonar la habitación, comenzó a comprobar la diligencia y compostura de los servidores con los que se cruzó antes de llegar al vestíbulo principal. En el amplio espacio, enaltecido por la luminosidad de una mañana deslumbrante, encontró aquel fluido movimiento de personas, que tantas veces y durante tantos años había deseado. Faltaban minutos para su inauguración oficial y se diría que el hotel se encontraba ya a pleno rendimiento.

Puso la llave de la habitación sobre el mostrador y, de inmediato aunque sin precipitaciones, una mano le aproximó, resbalándola, la factura. Con una sonrisa incrédula, miró al hombre uniformado que, imperturbable, se interesó por la forma de pago —dinero efectivo o tarjeta de crédito— que el cliente prefería. Sin ambages, dispuesto a cumplir las muchas obligaciones que aquella mañana le esperaban, el dueño del hotel dio por terminado el ensayo y, con él, su condición de primer huésped.

No obstante, el empleado insistió, como si no comprendiese, y, cuando el dueño dejó traslucir síntomas de irritación, el empleado, con una ligera seña, requirió la presencia del contable y del agente de seguridad. Comprendió que sería inútil insistir, que no había nadie a quien reclamar su derecho de propiedad, porque, aunque supiese de quién había recibido la voluntad de construir el hotel (personas ya muertas hacía años) y por qué lo había construido (jamás había aprendido a no hacer nada), ignoraba para qué le habían transmitido aquella voluntad y con qué título.

Con manos temblorosas, últimos espasmos de su decaída cólera, abonó la factura y dejó, incluso, un óbolo en atención a las molestias causadas al servicio durante su corta estancia y en pago de la consideración que se le debía hasta que hubiese salido por la puerta giratoria. En el rellano de la escalinata de acceso, el grupo de directivos del hotel, vestidos incongruentemente de etiqueta en la cruda luz de la mañana, esperaban la llegada de las autoridades de la ciudad. También esperaban, según descubrió al pisar la explanada del aparcamiento, los músicos, incómodos con los instrumentos ya desenfundados en aquella meseta de asfalto, aplastada por el calor.

Decidió, mientras comenzaba a atravesar la explanada, alejarse sin recriminaciones, ni nostalgias. Pero todavía se permitió, conforme se alejaba sin volver la cabeza para una última mirada al hotel, considerar la conveniencia de haber seguido a la señora, cuya visita interrumpió sus delirantes sueños. Quizá, a través de la noche removida por el viento, habría encontrado un consuelo en la elegancia de la figura que le precedía, consuelo que le negaba ahora su soledad.

Índice

Títulos de la colección

punto de lectura

Amantes y enemigos

Rosa Montero

Un hombre alcohólico y triste en busca de «una mujer para vivir y para morir, para amar y envejecer con ella»; una niña que se siente invadida por «la otra», la nueva mujer de su padre; una mujer fea que encuentra razones para sentirse bella e inocente... Una vez más, Rosa Montero nos muestra el lado luminoso y mezquino del alma a través de historias con un punto en común: la complejidad de las relaciones humanas. Quien haya tenido amantes y/o enemigos se encontrará retratado en estos cuentos, que no son sólo para disfrutar, sino también para reflexionar.

Corazón tan blanco

Javier Marías

El protagonista y narrador de *Corazón tan blanco*, Juan Ranz, prefiere siempre no saber, consciente de lo peligroso que resulta escuchar: los oídos no tienen párpados y lo que les llega ya no se olvida. Una novela hipnótica sobre el secreto y su convivencia posible, sobre el matrimonio, el asesinato y la instigación, sobre la sospecha, el hablar y el callar y la persuasión; sobre los corazones tan blancos que poco a poco se van tiñendo y acaban sabiendo lo que nunca quisieron saber.

El otro barrio

Elvira Lindo

Ramón Fortuna, con apenas 15 años de edad, ve cómo un golpe inexplicable y salvaje del azar cambia su vida y amenaza con destruirla. Contra la evidencia de la sangre derramada, Ramón sabe que es inocente pero su tarea, al revés que en las películas o novelas de juicios, no será demostrar su inocencia, sino desprenderse de una parte de ella, librarse de los lazos y mentiras de los que fue rodeado desde que nació.

El otro barrio se encuentra en la periferia de Madrid y se sustenta en la sensibilidad y la destreza narrativa de Elvira Lindo.

Ensayo sobre la ceguera

José Saramago

Una ceguera blanca se expande de manera fulminante. Internados en cuarentena o perdidos por la ciudad, los ciegos deben enfrentarse a lo más primitivo de la especie humana: la voluntad de sobrevivir a cualquier precio.
José Saramago, Premio Nobel de Literatura 1998, teje una aterradora parábola acerca del ser humano, que encierra lo más sublime y miserable de nosotros mismos.

Ensayo sobre la ceguera

José Saramago

[illegible]